乡村人才振兴视域下农村职业教育财政投入保障机制研究

XIANGCUN RENCAI ZHENXING SHIYUXIA NONGCUN ZHIYE
JIAOYU CAIZHENG TOURU BAOZHANG JIZHI YANJIU

王凤羽　冉陆荣　姜　楠　著

中国农业出版社

北　京

图书在版编目（CIP）数据

乡村人才振兴视域下农村职业教育财政投入保障机制
研究／王凤羽，冉陆荣，姜楠著. -- 北京：中国农业
出版社，2024. 5. -- ISBN 978-7-109-32279-0

Ⅰ. G522.3

中国国家版本馆 CIP 数据核字第 2024HW0927 号

乡村人才振兴视域下农村职业教育财政投入保障机制研究
XIANGCUN RENCAI ZHENXING SHIYU XIA NONGCUN ZHIYE
JIAOYU CAIZHENG TOURU BAOZHANG JIZHI YANJIU

中国农业出版社出版

地址：北京市朝阳区麦子店街 18 号楼

邮编：100125

责任编辑：王秀田　　　文字编辑：张楚翘

版式设计：小荷博睿　　责任校对：吴丽婷

印刷：北京中兴印刷有限公司

版次：2024 年 5 月第 1 版

印次：2024 年 5 月北京第 1 次印刷

发行：新华书店北京发行所

开本：700mm×1000mm　1/16

印张：12.25

字数：200 千字

定价：88.00 元

本专著为重庆市教育规划重点项目"生态位理论视域下地方高校创新创业教育共同体构建研究"（2019－GX－028）、国家社会科学基金重大项目"超大规模人口国家农业农村现代化建设研究"（23＆ZD108）、江苏省高校"青蓝工程"优秀教学团队"电子商务专业教学团队"阶段成果。

　　《乡村振兴战略规划（2018—2022）》明确指出要"实行更加积极、更加开放、更加有效的人才政策，推动乡村人才振兴"。这一战略的提出，不仅彰显了国家对乡村人才的高度重视，也体现了对乡村全面振兴的深远谋划。2019 年 8 月实施的《中国共产党农村工作条例》明确提出各级党委加强农村人才队伍建设，培养一支有文化、懂技术、善经营、会管理的高素质农民队伍，培养更多的乡土人才。这一举措的实施，为乡村人才的成长提供了更为坚实的制度保障。《中国教育现代化 2035》明确提出加快发展现代职业教育，不断优化职业教育结构与布局。这意味着，教育将成为推动乡村人才振兴的重要力量，而农村职业教育更是其中的关键一环。《国家职业教育改革实施方案》进一步将标准化建设作为统领职业教育发展的突破口，完善职业教育体系，为服务现代农业发展和职业教育现代化提供制度保障与人才支持。这一方案的实施，为农村职业教育的健康发展注入了新的活力。乡村振兴的核心在于人才的振兴，而人才的振兴又离不开教育的滋养，特别是农村职业教育的助力。其中，教育财政经费的支持则成为农村职业教育持续、健康发展的重要基础。基于此，在乡村人才振兴视域下，开展农村职业教育财政投入保障机制研究显得尤为重要。

　　本研究应用农村职业教育相关理论、教育配置理论、公共产品理论、人力资本均衡理论、激励理论、应用博弈理论、排队理论、社会网络理论等系统分析农村职业教育财政投入。这些理论不仅为优化农村职业教育财政投入提供了理论支撑，还为实践指导提供了有益借鉴。农村职业教育相关理论强调教育资源配置、成本收益分析、公共产品属性、人力资本投资及均衡发展的重要性。教育配置理论主张合理调配资源，提升农村人力资本和就业能力，农村职业教育财政投入不足且不均衡影响教育质量，需政府、企业、个人共同分担成本，确保充足资金支持。成本收益理论揭示教育投入与回报关系，认为职业教育对经济发展和社会进步至关重要。公共产品理论强调农村职业教育作为公共产品，政府应主导财政投入，实现教育公平与可持续发展。人力资本理论强调人力资本对农村经济的关键作用，指出职业教育财政投入是提升农村劳动力素质和创新能力的重要途径。均衡理论要求职业教育各方利益主体在财政投入中达到平衡，共同推动农村职业教育健康发展。激励理论在农村职业教育中至关重要，能激发教师工作热情，为职业教育注入新的活力与动力。社会选择理论助力研究政府对农村职业教育的财政投入策略。博弈论揭示教育资源分配规律，推动教育财政体制改革。排队理论强调优化教育资源管理，提升职业教育效益。社会网络理论强调优化资源配置网络，提升职业教育财政投入效率。利用理论分析农村职业教育投入，有助于深入理解其内在逻辑和规律。

对农村职业教育财政投入保障机制的历史演进历程进行系统梳理分析，包括教育财政经费来源、分配、使用、效果（监控）及相关政策变迁等。保障机制从计划经济到市场经济，再到新时代，每一阶段都有其独特的挑战与机遇。计划经济时期，以财政拨款为主，但资源配置效率较低；经济转型期，地方政府自主权增强，经费来源多元化；市场经济体制下，政府立法保障投入，鼓励社会参与，经费稳步增长；新时代，农村职业教育财政投入保障机制迎来了新的发展机遇，国家出台了一系列法律法规和文件，为经费的投入提供了坚实的政策保障。然而，现实中仍存在诸多困境。如：经费规模不足、增长缓慢，生均经费偏低，制约其健康发展；高素质农民培训体系不完善，培训方式单调，农民参与积极性低；监督评价机制不健全，缺乏科学的指标体系和多元评价主体；贫困学生资助制度有待完善，操作层面存在问题。这些困境影响农村职业教育质量效益，阻碍农村经济发展和乡村振兴。

与国外农村职业教育财政投入比较研究发现：澳大利亚、美国、日本等发达国家在此领域经验丰富。这些国家通过财政拨款、学费减免、政府与市场双重作用以及立法保障等手段，确保农村职业教育获得稳定且充足的资金支持。相比之下，我国在生均经费上与发达国家仍有一定差距，但近年来已有显著提升，显示出我国对农村职业教育的日益重视。借鉴国际经验，我们应继续加大财政投入力度，提高职业教育生均经费，并发挥政府与市场机制的协同作用，引导社会多元参与。同时，完善相关法律法规，为农村职业教育财政投入提供坚实的法律保障。此外，明确农村职业院校的学费标准，减轻学生经济负担，促进教育公平。

利用神经网络模型、社会网络模型等对农村职业教育财政投入预算机制（规模和结构）进行实证分析。通过最优规模实证，估算出农村职业教育财政投入的最优规模，奠定了农村职业教育财政预算规模机制的基础，并指出农村职业教育财政投入最优规模的估计和最优取向增长的估算是一个动态连续的过程。进一步分析得出影响其预算规模的主要因素有经济发展水平、相关政策、法律制度等。通过最优结构实证，认为技工学校、职业高中、固定资产对农村职业教育 GDP 非常重要，重要性排序依次是：技工学校＞职业高中＞固定资产。对农村职业教育财政投入结构的度中心性、接近中心性和中间中心性三个指标进行衡量。从度中心性测量得出：如果不考虑因变量，只考虑自变量，其度中心性最大的是技工学校，其次是普通中专，再次是职业高中，最后为固定资产。从接近中心性测量得出：技工学校、普通中专对 GDP 的影响程度较大，其次是职业高中和固定资产。固定资产与职业高中距离两个变量接近程度较低。通过中间中心性测量得出：技工学校和普通中专作为中间变量的可能性最大，也就是中间中心性最强。技工学校、普通中专的图标大、中间中心度高，说明技工学校、普通中专是两个重要的中介变量，在该社会网络中起着桥梁的重要链接作用。进一步分析得出农村职业教育财政投入结构效应主要影响因素有观念因素、制度因素和官僚因素等。

利用博弈模型对农村职业教育财政投入责任机制进行实证分析得出：在农村职业教育财政投入中，中央政府与地方政府之间存在财政责任分担比例。以重庆市为例，地方政府与中央政府的责任比例相当，地方政府略高一些。这一发现有助于更好地理解中央与地方在农村职业教育财政投入中的责任关系，为完善分担机制提供了依据。

农村职业教育财政投入评价机制研究中，将农村职业教育系统建模为一个具有两类顾客的 M/M/1/N 排队系统，对于该排队系统，建立了一个具有有限水平、不可约的、连续时间 QBD 过程，构建了农村职业教育财政投入的评价指标体系，并计算农村职业教育系统在稳态下的一系列技术评价指标，作为地方政府制定财政政策的重要参考。在此基础上，利用马氏报酬过程，以地方政府收益最大化为导向，提供了农村职业教育财政投入的短期净收益和长期净收益，并分别计算了它们的概率分布及其他统计指标。定量研究使得评价机制更为客观、科学。

农村职业教育财政投入监督机制研究中，强调农村职业教育财政投入保障机制健康运转的关键在于监督，可以确保财政投入的有效性和规范性。监督机制的建设需综合考虑财政监督的特性和职业教育的双重属性，确保资金使用得透明、合规与高效。当前，面临法治滞后、法规薄弱、监督体系不完善和专业性不足等瓶颈。为此，应明确监督主体与客体，规范化监督程序，并创新监督形式。同时，需要强化法律建设，优化管理体制，利用信息技术，强化结果反馈，完善问责机制，确保监督有效运行。

　　针对研究发现，提出以下对策建议：一是创新资金来源渠道。应积极拓宽财政资金来源，结合政策引导与市场机制，趋近财政投入的最优规模，确保农村职业教育资金需求的满足。二是优化财政分配比例。要在普通中专、技工学校、职业高中之间合理配置财政资源，确保各类学校得到公平而有效的支持。这需要根据各学校的办学特色、教学质量、学生规模等因素，科学制定财政分配方案。三是完善官员竞争激励机制。通过建立健全的考核评价和奖惩制度，提高官员在筹措资金方面的积极性，推动财政投入的有效增长。同时，加强官员的职业培训和道德教育，提高其教育管理和财政投入的专业素养。四是健全职业教育法律体系。要明确中央与地方财政投入责任，因地制宜制定经费承担标准。此外，还要明确校企合作的责任与义务，通过税收优惠政策推动企业积极参与农村职业教育。五是规范农村职业教育财政转移支付。要设定弹性转移支付标准，实施奖惩严明的规则，以弥补地区间财政收支差异，确保农村职业教育财政投入的公平与有效。六是构建农村职业教育基本状态数据库。利用现代信息技术，实时更新学生信息，实现学籍管理信息化、网络化。这有助于准确掌握学生数量与状态，为财政经费需求测度提供基础数据。七是落实农村职业教育财政优惠政策。要建立经费管理制度，将助学金发放与学生表现挂钩，确保资金效用最大化。同时，严查乱收费现象，确保涉农专业免费政策落到实处。八是制定农村职教经费投入科学标准。要参照国际经验并结合我国经济发展水平，因地制宜制定标准。政府应加大财政投入力度，通过转移支付协调地区差异，确保农村职教经费充足、公平。九是依托评价指标体系验证评价模型。通过拟生灭过程方法对比全日制与非全日制数据，为政府与学校提供有针对性的政策建议。十是推动农村职业财政投入保障机制持续健康运转。要强化农村职教财政监督，注重区域特色，构建动态发展型监督机制，创新实践经验，确保政策落实与投入效果。

王凤羽

2024 年 1 月 31 日

目 录

前言

第1章 | 绪　论

1.1　研究背景

《乡村振兴战略规划（2018—2022）》明确指出要"实行更加积极、更加开放、更加有效的人才政策，推动乡村人才振兴"。乡村振兴是一项系统工程，涵盖了农村经济、政治、文化等多个领域，每一个方面都离不开人才的充分支撑和有效保障，人才振兴是实现乡村振兴的基础，迫切需要发挥人才是第一资源的作用（曹丹丘，等，2020；胡华，2020；莫广刚，2019；文茂群，2019）。

乡村振兴对人才群体的需求是全方位的，数量大，涉及领域广，既需要高层次的管理和决策人才，也需要具备专业技能和实践经验的技术人才（莫广刚，2019；文茂群，2019）。然而，现实情况是：乡村人才队伍中普遍缺少有知识、有技能的技能型人才。乡村人才总体发展水平与乡村振兴的要求之间还存在较大差距，与实施乡村振兴战略的发展需求还不相适应（曹丹丘，2020；莫广刚，2019）。这种人才短缺的现状，已经成为制约乡村振兴的关键因素之一。为了推进乡村全面振兴，我们需要不断扩大人才规模、不断优化人才结构、不断提升人才素质，确保各类人才能够服务于乡村发展。

农村职业教育作为直接服务于"三农"问题的重要教育形式，以农村经济发展需求为导向，其功能定位、价值取向和社会作用直接指向"三农"问题（许兴，2020），与乡村振兴紧密相连。《中共中央　国务院关于实施乡村振兴战略的意见》（中发〔2018〕1号）强调要把人力资本开发放在首要位置，畅通智力、技术、管理下乡通道，造就更多乡土人才，聚天下人才而用之。2019年国务院明确提出把职业教育摆在教育改革创新和经济社会发展中更加突出的位置，从国家的一系列政策方向中可以明确看出：职业教育在国家发展中越来越重要。农村职业教育为乡村全面振兴提供坚强的人才保障、智力支持和技术支撑，成为实施乡村振兴战略的关键变量和逻辑必然（莫广刚，2019；石丹淅，2019；张旭刚，2018），也必将促进农村职业教育的创新性发展与全面化变革（胡华，2020；文茂群，2019）。

乡村振兴战略的实施不仅为农村职业教育带来机遇，同时也对农村职业教育的发展有了更高要求。长期以来，我国对于职业教育财政投入的政策保障和政策实施仍存在诸多不足（闵宏，2010）。农村职业教育具有公共产品的属性，主要经费来源为政府供给，即教育财政投入。其在发展过程中面临的问题都是经费不足所导致的（王凤羽等，2010）。在乡村人才振兴的历史条件下开展农村职业教育财政投入保障机制研究，对健全农村职业教育财政投入的保障体系，对促进农村职业教育高质量发展，对农村职业教育助力实现乡村人才振兴有着重要的作用。

1.2 研究意义

1.2.1 理论意义

（1）奠定并深化理论基础

本研究综合运用教育经济学、神经网络理论、排队理论等多学科方法，对农村职业教育财政投入保障机制进行了系统分析。这不仅推动了多学科与跨学科研究的创新，也为该领域提供了新的研究逻辑起点，从而奠定了坚实的理论基础。

（2）丰富并拓展相关理论内涵

在乡村人才振兴的视域下，本研究深入剖析了农村职业教育财政的相关理论、历史演进与现实困境，并在此基础上开展农村职业教育财政投入的比较研究和实证研究。在研究过程中，对教育财政管理学、神经网络理论、社会网络理论等进行了针对性的理论概括和丰富，这些工作不仅深化了对相关理论内涵的理解和应用，更为各级政府设计更具针对性和实效性的农村职业教育财政投入保障机制提供了坚实的理论支撑和明确的目标引领。

（3）促进理论体系的完善与发展

本研究不仅关注了农村职业教育的财政投入问题，还将其置于乡村人才振兴的大背景下进行思考，有助于形成更加完整、系统的理论体系，进一步推动农村职业教育与乡村人才振兴的理论研究与实践发展。

1.2.2 现实意义

（1）提供实践指导与借鉴

本研究构建的农村职业教育财政投入保障机制，包括预算机制、责任机制、评价机制及监督机制等，将进一步明确政府间经费分担责任与经费治理关系，为政府在农村职业教育经费的投入与管理上提供了可供借鉴的方案，有助于优化财政资源配置，提高资金使用效率。

（2）服务乡村人才振兴战略

通过深入分析农村职业教育在乡村人才振兴中的作用，本研究为各级政府推动农村职业教育发展、培养高素质农民队伍提供了实践方案，有助于推动乡村人才的振兴，为乡村振兴提供有力的人才支撑。

（3）助力美丽乡村建设

本研究强调农村职业教育的健康发展对于提升农民生活技能、技术推广和农村剩余劳动力转移的重要性，有助于加快农业现代化、工业化的步伐，促进工业化和城镇化协调发展，从而间接推进美丽乡村建设，实现乡村的全面振兴。

1.3 研究范围的界定

1.3.1 农村职业教育的界定

黄炎培大师的"大职业教育主义"提出职业教育独有的本质特征及特殊功能：一是为谋个性之发展；二是为个人的生存打下良好基础；三是为个人能够更好地服务于社会、服务于大众而充实完善自己；四是为推动国家、世界乃至全人类生产力的发展而做准备。历史进程不断推进的过程中，职业教育在连续演变，社会文明也在不断进步，职业教育内涵得到不断扩张，其中与"三农"领域紧密相连的农村职业教育也逐步成为政府及学者关注的热点。

一般认为农村职业教育是以县域为边界，以农村学生（随着乡村振兴战略的实施，农村职业教育的培训对象变成了有志于服务农村、从事与农业相关行业的劳动者）为培养对象，同时在"三农"领域培养懂技术、会经营、善管理的现代化人才，着力推广农业生产中所需的实用技术与成果，加速为农村经济社会发展提供服务的教育类型，涵盖高素质农民的培训。

《国家中长期教育改革和发展规划纲要（2010—2020 年）》中强调根据需要提供更多的农村职业教育机会。张昭文（2011）在分析农村职业教育的现状时，主要分析了创建农村地区的中等职业学校县级职教中心的必要性；进一步得出城市中等职业学校中农村生源占据相当的比例。王欢（2012）认为中等职业学校所具有一般职业培训机构所不具备的人力、物力及政策优势，势必会在农村职业教育中承担更多的义务与责任，因此在劳动力的转移、培训及转型和培养高素质农民中应当发挥其巨大的作用。胡咏梅、陈纯槿（2013）也在分析农村职业教育投资回报率变化时以职业高中这一群体作为主要研究对象。

基于以上的分析，本研究所界定的农村职业教育的培养对象主要以完成初中学业并接受全日制中等职业教育的学生为主，也包括部分高素质农民。

1.3.2 农村职业教育财政投入保障机制的内涵

农村职业教育财政投入保障机制是一套由国家或学校制定的政策、法规和制度，旨在确保对教育资金的投资进行财务监督，并确保农村职业教育在整个过程中得到保障。客观来讲，农村职业教育财政投入保障指的是确保中央和地方财政部门所批设的专项资金科学地投入农村职业教育机构中，并保证教育经费高效率运行、科学管理，在经济、社会等外部环境发生变革时，保障机制都能够在第一时间迅速作出相应的优化及调整，完善原定的措施及策略，以期实现社会公平和社会回报效益最大化。进一步推进现代农村职业教育发展的可持续性。本研究中的农村职业教育财政投入保障机制主要包括预算机制、责任机制、评价机制和监督机制，并形成了逻辑保障体系。

1.4 研究内容和研究方法

1.4.1 研究内容

本研究通过详细梳理、总结和述评农村职业教育财政投入保障机制的相关文献，找到本研究的逻辑起点。内容主要由理论、实证与对策研究三大部分组成。具体包括：

（1）主要理论基础

结合农村职业教育财政经费的来源、分配、使用、效果等，运用机制设计理论、博弈论、公共产品理论、人力资本理论等对保障机制形成的机理和方式进行深入分析，并构建相应的理论模型。

（2）农村职业教育财政投入保障机制的历史演进与现实困境

通过梳理重庆农村职业教育财政投入保障机制的路径演绎，进一步分析当前农村职业教育财政投入保障机制不完善、运行不科学等主要问题。

（3）比较分析

国外农村职业教育财政投入保障机制的比较与借鉴。通过对职业教育发展比较好的国家（德国、英国、澳大利亚等）经费投入保障机制的定性与定量分析，总结主要做法，使重庆市农村职业教育财政投入保障机制的设计基于国际视角成为现实。

（4）预算机制

首先针对预算规模、结构依据边际理论、内生增长理论、神经网络理论、社会网络理论，通过单位根检验和协整检验来验证数据的稳定性和长期关系。利用多层感知器分析度中心性和中间中心性，以确定最优的预算规模和相应的预算结构。最后，运用弹性系数法对未来农村职业教育财政经费的最佳规模进行预测。

（5）责任机制

构建中央与地方政府博弈模型，寻找纳什均衡完美子博弈解，为责任机制构建提供科学依据。

（6）评价机制

农村职业教育财政投入系统建模为一个具有两类顾客的 M/M/1/N 排队系统，基于此模型，不仅计算了在稳态下该系统的一系列技术评价指标，还进一步利用马氏报酬过程，提供农村职业教育系统财政投入的一些重要评价指标。

（7）监督机制

按照一定的监督原则、监督主体、监督客体及监督手段等构建农村职业教育财政监督机制。监督主体涵盖政府、学校和企业等多元主体。监督的客体主要涵盖农村职业教育财政投入规模、结构以及绩效等。监督的手段主要是审计监督、信息化监督以及第三方监督等。

（8）主要结论与政策建议

一是奠定农村职业教育财政预算规模机制基础，估算出农村职业教育财政投入的最优规模；二是推导出重庆市农村职业教育财政投入的结构存在一定的偏差；三是与国外的农村职业财政投入相比，重庆市农村职业教育财政投入与之还有差距；四是基于马氏报酬过程，构建农村职业教育财政投入评价的指标可以更为客观地评价农村职业财政投入效果；五是农村职业教育财政投入保障机制健康运转监督是关键。基于以上的结论提出"引入多元化的农村职业教育财政预算体系；健全职业教育法律体系；规范农村职业教育财政转移支付"等相应的对策建议。

在整体研究方案的指导下，以构建保障机制为目标，从理论、实证、对策基本思路展开，主要框架线路图如图1-1所示：

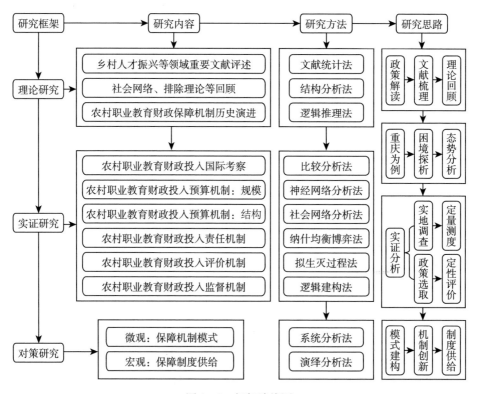

图1-1　框架路线图

1.4.2 研究方法

(1) 理论研究主要采用文献统计法与结构分析法

一是运用文献检索、引文分析、共引分析等文献统计方法，对乡村人才振兴与农村职业教育财政投入的文献进行直观描述、分观点梳理，阐析文献中数据特征、变化规律和主要理论流派，为后续研究凝练逻辑起点。二是对农村职业教育财政投入政策的历史演进的设计采用结构分析方法，分析发展过程中时间结构与数据结构。

(2) 实证研究主要采用网络分析法与马氏报酬分析法

一是对预算机制中的最优规模和最优结构，通过神经网络方法来测度财政经费、技工学校、固定资产等自变量对因变量的影响准确程度；通过社会网络分析法中的度中性度、接近中心度、中间中心度等指标来测度相应的自变量接近程度与重要程度。二是运用马氏报酬分析法构建集全日制教育和非全日教育（高素质农民培训）农村职业教育财政投入的评价指标体系。

(3) 对策研究主要采用系统分析方法和演绎分析方法

是基于国际比较、预算机制、责任机制、评价机制、监督机制的分析，系统梳理研究的结论，提出相应的对策建议。二是通过演绎分析综合研判农村职业教育财政投入保障模式的规章、法规等制度供给的对策建议。

1.5 研究重难点和创新点

1.5.1 研究重难点

本研究中的预算机制、责任机制、评价的实证研究所涉及的计量方法、国际比较中所涉及的相关数据的搜集具有一定难度，特别是最优结构模型、最优规模模型以及基于排队理论评价指标构建的数理推导并结合数据的协整检验既是难点也是重点。

1.5.2 研究创新点

(1) 研究视角创新

首次基于乡村人才振兴的视角来研究农村职业教育财政投入保障机制

的问题，并将研究范围拓宽到高素质农民培训方面，能够为农村职业教育财政投入保障问题的解决提供较好的实践方案。

（2）研究方法创新

主要是指计量方法应用的创新，对农村职业教育财政预算投资规模的预测采用了基于弹性系数方法；基于中央政府与地方政府之间的财政分配采用了博弈论的方法。并首次将神经网络与社会网络方法在预算规模和结构中运用，更为精准测度农村职业教育财政投入对经济发展贡献的敏感程度；首次运用排队理论中拟生灭过程方法构建全日制农村职业教育财政投入与非全日制农村职业教育（高素质农民培训）的评价指标体系。

（3）学术观点创新

拟将全国除港澳台外的31个省份的地方政府与中央政府的农村职业教育财政投入的责任比例均测度出来，比较分析影响责任机制的相关因素，渗透财政投入必问效、问效必问责的基本主张，促进乡村人才振兴的农村职业教育财政投入保障机制有效运行。高素质农民的培训财政投入评价指标体系的构建与运用必将在一定程度上解决农村地区乡土人才不充分、不平衡发展问题，促进乡村振兴健康发展。

第2章 | 文献综述

我国在改革开放迈向纵深的大背景下，大力发展农村职业教育，旨在进一步推进科教兴国战略、乡村振兴战略，并助力产业结构升级，以解决"三农"问题。其中，人才作为推动乡村振兴的核心要素，尤为关键。按照乡村振兴的总要求，即产业兴旺、生态宜居、乡风文明、治理有效、生活富裕，我们需特别关注人才的培养和引进，以确保这些目标的实现。我国在2008年开始对教育事业发展情况进行全面梳理调研，形成《国家中长期教育改革和发展规划纲要（2010—2020年）》，《纲要》中指出"财政资金优先保障教育投入，公共资源优先满足教育和人力资源开发需要"，强调加强各级政府的责任，增加农村职业教育培训内容和扩大覆盖面，根据实际情况办好高质量县级职业教育中心，明确了教育财政投入的重要性，为大力发展农村职业教育提出了明确的要求。

2.1 乡村人才振兴相关研究

乡村人才是实施乡村振兴战略的基础与重要资源（刘馨，2018），对如何推进乡村人才振兴学者们提出了不同的意见。在人才培养方面，实现乡村振兴，需要依靠本土人才。要坚持农民的主体地位，大力开发乡土人才，抓好基层组织建设，培育乡贤和村两委干部人才（蒲实、孙文营，2018）。实现乡村人才振兴的协同联动，需要培养出适应农村发展的农村电商人才、农产品营销人才、农业环境保护人才以及农村公共事业管理人才等实用型人才（金绍荣、张应良，2018；钱俊，2018；刘效园，2019；陈娟、马国胜，2019）。在人才引进方面，应探索"岗编分离"，支持高校和科研单位人员到村通过技术、资金入股等形式发展产业，以乡情乡愁为纽带，健全有效激励机制，吸引在外人才返乡创业（方守红、张浦建，

2018）。全面改善乡村发展环境，吸引城镇干部、教师、医生等实用型人才落户乡村（赵玉亮、史雅楠，2019）。

2.2　农村职业教育相关研究

　　为了更加详细的对改革开放以来我国农村职业教育的研究进展和成果进行梳理，运用 CiteSpace 软件对我国关于农村职业教育方面的文献进行分析。通过文献可视化的方法展现出我国农村职业教育研究的发展脉络、当下研究的热点问题以及未来的研究趋势。

　　以中国知网（CNKI）为我国农村职业教育相关研究的数据来源。将"农村职业教育"设为关键词，获取 2 598 篇相关文献。为确保文献研究的可靠性，去除会议综述、书籍评论、会议讲话等非学术类文献，同时删除了重复文献以及没有作者名字的文献，最终共选出 2 421 篇有效文献。农村职业教育相关文献的核心作者、研究机构和被引文献分布如图 2-1 所示，研究农村职业教育的学者在本领域有一定的影响力。具体来看，发

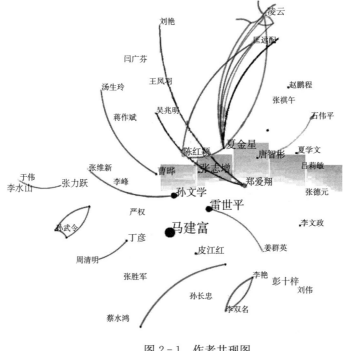

图 2-1　作者共现图

文量前十名的作者分别是马建富（26 篇）、雷世平（17 篇）、朱容皋（15 篇）、夏金星（14 篇）、孙文学（13 篇）、张志增（10 篇）、皮江红（9 篇）、曹晔（9 篇）、唐智彬（8 篇）、陈红颖（8 篇）。董操（1983）、吴统慧（1984）、张希圣和张品生（1985）、刘鉴农（1985）、帅扬（1985）等较早对农村职业教育进行了相关研究。从总体来看，马建富、雷世平、朱容皋等的研究团队力量逐渐壮大，但是学者之间的联系较为薄弱，没有充分体现出其在农村职业教育研究领域的影响力。

从论文的发文院校来看，如图 2-2 所示，湖南农业大学的发文量最多，累计 72 篇，河北科技师范学院和西华师范大学发文量相同，均为 35 篇，江苏技术师范学院发文量紧随其后，累计发文量为 34 篇。主要研究学者来自国内高校。

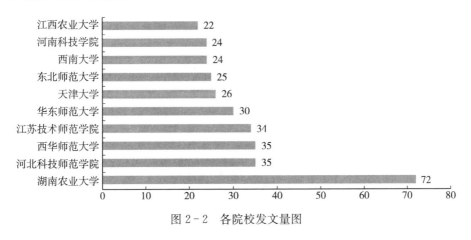

图 2-2 各院校发文量图

从研究主题和研究内容来看。如图 2-3 所示，通过阅读相关文献并结合关键词演化路径的图谱，将农村职业教育研究分为三个阶段：第一阶段的研究重点主要从存在的问题、地位和作用等方面进行研究；第二阶段的研究重点较为具体，更具有针对性，围绕某一方面的重要作用或是具体办学模式等方面进行研究；第三阶段的研究重点是紧密围绕农村职业教育开展的时代背景展开，重点探索可操作的模式或路径等方面。

进一步对关键词进行聚类分析，一共得到 241 条连线和 1 032 个网络节点，聚类结果显示，Modularity Q 值为 0.628，大于标准值 0.5，这表示得到的聚类效果较好。并且 Mean Silhouette 值为 0.878 8，大于临界值 0.3，这表明聚类结果合理。如图 2-4 所示，1983—2021 年国内农村职业

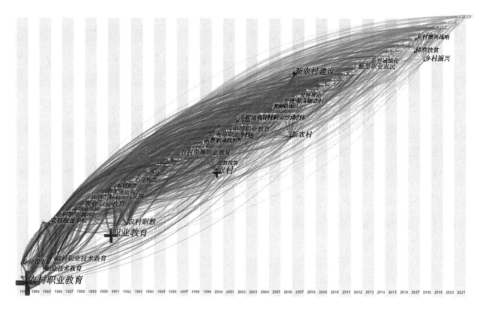

图 2-3　关键词共现图

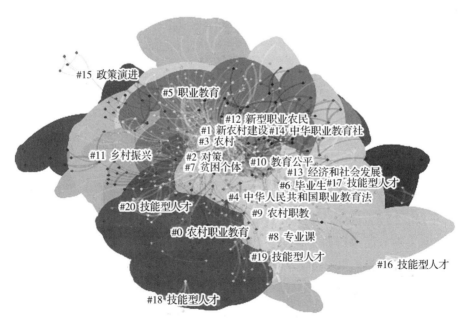

图 2-4　关键词聚类分析图

教育领域的关键词聚类图谱共导出 21 个主要聚类，因为农村职业教育这一研究涉及范围较广，本文将从以下几个方面对我国农村职业教育的研究热点进行归纳总结。

2.2.1　农村职业教育的发展问题及对策

主流观点认为目前社会对农村职业教育重视程度不够，受到重视普通高等教育而轻视职业教育的传统观念的制约，存在农村职业教育投入经费不足、办学质量不高、教学脱离农业生产实际，没有很好的提高学生实际操作能力等问题（赵玉佩，2000；谢玉坤，2002；张晓蕊，2011；杜宇，2016）。随着农村职业教育的发展，我国学者提出了更多的操作性对策。学者们提出要克服传统观念（纪芝信，1986），重视对职业教育的建设、构建多主体参与的经费筹措体制（刘宝磊，2020），增加农村职业教育经费投入、改革农村职业教育，明确办学定位，完善培训方案，加强师资队伍建设（马建富，1997；覃兵、何维英、胡蓉，2019），从而提高农村职业教育的教学质量，为农业发展提供高质量人才。

2.2.2　关于农村职业教育产品属性

自萨缪尔森 1954 年引入公共物品的概念并将物品划分为公共物品和私人物品后，国内外学者开始在此基础上对教育产品属性进行探究。在较长时间的争论过程中大致分为了三类基本观点：第一种观点是纯公共物品；第二种观点是纯私人物品，认为教育服务效用的不可分割性、非竞争性和受益的非排他性的特点是区分这两者的关键；第三种观点综合前两者的看法，认为教育服务是准公共品。巴罗（Barlow，1973）和美国劳埃德-雷诺兹认为教育属于公共物品，但二者争议的区别在于巴罗认为教育是纯粹的公共物品，主要基于教育可以引起各种形式的外部收益，而劳埃德-雷诺兹认为教育属于准公共物品。我国著名的经济学家厉以宁教授（1999）从排他性和享用数量、投资额、性质和效率方面进行分析发现社会主义社会教育服务不都是公共产品，要想更好地对公共资源进行配置就要发展私人产品和准公共产品性质的教育服务。孙长远（2015）认为我国的职业教育服务是属于公共性很高的准公共产品。吴松江等（2006）从公共产品的特征进行分析，认为农村职业教育服务的属性是准公共产品。匡绪辉（2002）认为从整体来看我国的教育服务是准公共产品，但是由于不同类型的教育服务具有不同特点，农村职业教育服务更趋向私人产品。雷世平（2015）认为农村职业教育受益的"外部性"特点决定了我国农村职业教育属于公共产品。在国内外的研究中，学者认为初等教育属于纯公共产品，但是在农村职业教育的属性上仍然各执一词。

2.2.3 农村职业教育促进农村劳动力转移

通过农村职业教育可以提高农村劳动力的素质，农村劳动力素质的提高可以进一步促进其进行转移，从而改变农村劳动力转移结构（铁明太，2013；布俊峰，2020）。农村职业教育能够在我国农业转型升级过程中获得发展机会，应采用灵活的办学机制，最大程度地开发农村剩余劳动力，为农业持续化提供人才支撑（曾繁相，2001）。目前，影响我国职业教育对农村剩余劳动力转移贡献的主要因素是不完善的政策制度、不健全的产业结构、接受职业教育培训农民的积极性和主动性（唐瑾，2014）。为解决这些障碍，需要对农村职业教育服务农村剩余劳动力转移的制度进行创新（万军，2019）；更好发挥政府在财政投入方面的主导作用，进而提高其发展水平和发展质量（唐羚、郑爱翔，2017）；引入第三方监督机构，提高对农民进行职业培训的质量，提高农村劳动力参与职业培训的主动性和积极性（吴兆明，2017）。

2.2.4 新农村建设下的农村职业教育

新农村的建设离不开新型农民，培养新型农民首先需要转变传统的教育观念，其次要创新农村职业教育管理体制（雷世平，2006）；建立多元化的投融资体制，拓宽职业教育经费来源，增加农村职业教育经费投入，不断完善培训的体制和机制，提升农村职业教育办学水平，以满足农民多样化的培训需求（杜中一，2006；易莉，2014；赵海婷、陶军明，2012）。农村职业教育提供人才支撑，新农村建设提高物质条件，二者关系紧密（吕海燕，2011）。农村职业教育的发展要紧跟时代背景，更新办学理念，端正发展思想，拓宽办学渠道，调整培养方式，创新教育思路，深化课程改革，加强宏观调控，优化资源配置（孙武令、孙童，2009）。在以就业为导向的现实背景下，要完善农村教育经费保障体系，通过多种途径构建满足实际需要的双师型教师队伍（占盛丽、董业军，2005）。

2.2.5 关于农村职业教育公平

教育公平包含教育起点公平、教育过程公平和教育结果公平三个方面。农村职业教育让农村许多人享受到了获得教育的权利和机会，在一定程度上可以视为"平民"教育（胡蓉，2006；姚妮，2009）。农村职业教育让个体得到了全面发展的机会，在很大程度上保证了教育起点和教育结果的公平。陈胜（2012）从资源配置的视角分析我国农村职业教育不公平的原因，从政府和农村职业教育学校两个层面提出对策，政府要加大统筹力度，农村职业教育学校要充分发挥自身优势，促进职业教育公平发展。王凤羽（2011）从农村职业教育财政投入视角提出要创新财政投入模式、财政转移支付制度等措施以有效促进教育过程公平。

2.2.6 乡村振兴战略下农村职业教育改革

在新的时代背景下，农村职业教育要担负起时代赋予的使命，加快建设新型城镇化、培养高素质农民、支持农业现代化建设、服务精准扶贫（孙莉，2018）。提升农村劳动力自身素质和技能水平，是增加农民收入和缩小城乡收入差距的关键（陈坤、李佳，2017），但是目前农村职业教育存在定位落后，培养目标不完善，缺乏完善的教育体系和布局结构，专业设置和制度配置以及法律法规不健全，基础条件薄弱，对学生吸引力不足，经费保障不足，涉农类专业学生规模变小等问题（马建富、马欣悦，2017；唐梅芝，2016）。在新型城镇化建设的背景下，急需摆脱二元思维定式，建设城乡职业统筹发展的服务体系，加快推进农民人力资源开发（马建富，2013）。农村职业教育应从内部和外部两个方面进行创新，需要对受教育的对象、课程设置等内容进行改进，并且推动完善与农业技术相关的资格证书制度（皮江红，2013；朱容皋，2010）。农业现代化为农村职业教育发展提供必要条件，农村职业教育又为农业现代化提供智力支持，因此实现我国农业农村现代化发展，要高度重视农村职业教育（李守福，1994）。在农村职业教育发展支撑农业现代化发展的背景下，农村职业教育要不断进行改革，构建出多层次和多样化的培训体系，提高办学模式的灵活度，政府要完善公共财政支持与市场协同的经费投入制度，提高其办学经费（史万兵、邓永刚、苏黎，2003；唐智彬，2015）。在农村职业教育服务精准脱贫方面，发展农村职业教育对提高贫困劳动人口的素质、提高就业率等具有重要作用（向昭颖、张冰松，2018）。在具体措施方面，学者们认为，农村职业教育发展的逻辑框架应将"扶志、扶心、扶智、扶贫"和"扶业"相结合，提出农村职业教育精准扶贫新模式（朱成晨、闫广芬、朱德全，2019），发展定向农村职业教育（唐智彬、刘青，2016），建立精准识别贫困人口的机制，并在此基础上优化人才培养机制，最终实现贫困人口的精准就业（何艳冰，2017）。可以从"互联网＋"的角度出发，探索出多元化主体协同的网络扶贫运行、管理和教育精准扶贫评价机制（李延平、陈琪，2017）。

2.2.7 农村职业教育培养新型职业农民

我国农业正处于向现代化农业转型升级的关键时期，急需为发展现代化农业等新兴产业大力培养新型的职业农民（郭智奇，2011）。目前，我国在培养新型职业农民过程中尚存在许多问题：第一是农民有较强的参加培训意识，但是还缺乏学习的主动性和持续性；第二是没有完善的协同机制，不能很好地将政府与其他主体协同起来为农民提供培训；第三是教育培训主体培育积极性高但教学资源和培训内容以及教学方式仍需优化（吴兆明、郑爱翔、刘轩，2019）。农村职业教育需要重新定位，对农村职业教育的发展进行改革。要紧密结合时代背景，加强农村职业教育的顶层设计，构建一个由政府、涉农企业和职业院校共同构成的社会支持体系。优化新型职业农民培育环境，构建严格的农业准入制度，创新培育模式（车明朝，2013；夏金星，2014；马建富，2015；马建富、黄晓赟，2017；乔平平，2016）。还有学者借鉴国外先进经验。其中，具有代表性的研究有：李毅和龚丁（2016）借鉴日本和韩国经验，重视新型职业农民培育过程和培育的公益性，优化培育环境，实现培育内部环境和外部环境的协调。孙瑶（2021）通过借鉴美国、德国、日本的经验，提出要重视农民由身份向职业过渡，构建完善的职业农民教育法律体系，细化农民职业教学分类、改善农村基础设施。杨琴和吴兆明（2020）通过借鉴美国、德国、以色列、韩国的经验，提出建立完备的职业农民职业教育体系、实行多样化教学方式，鼓励社会主体参与职业教育体系的建设，达到高质量的职业教育与培训目标。刘科（2019）借鉴韩国经验，提出职业教育渗透到普通中学、建设农业科技信息服务体系。盛宁（2019）提出学习荷兰先进经验，构建农业知识教育创新体系、加大职业教育财政经费支出比例。柳一桥（2018）通过借鉴德国经验，提出健全农民职教制度、构建新型农民职业资格认证制度。

2.3　农村职业教育财政投入相关研究

2.3.1　农村职业教育财政投入公平与效率

教育公平是促进社会公平的重要基础，而教育财政投入的公平是促进社会公平、构建和谐社会的重要内容之一。王凤羽（2011）认为财政投入的公平主要有三个原则：第一是横向公平，指具有相同特性的人应接受的同样的教育资源；第二是纵向公平，指具有不同特性的人接受的教育资源不同，其应该更多偏向弱势的一方；第三是财政中性，指对学生教育经费的投入应该排除个人外在因素。相比于高等教育，农村职业教育处于弱势，属于这三个公平原则的边缘化，姚妮（2009）也认为农村职业教育是最平民化的教育，在"三农"背景下加强农村职业教育财政投入配置是公平性最有价值的体现。

教育投入的效率研究主要关注的是投入能够取得最大的产出。G Psacharopoulos（1973）运用三种不同的方法验证得出不同类型的教育服务其投资回报率都远高于资本的机会成本。那么对投资回报率最高的各类学校进行经费分配投入，是教育经费配置达到最好效率的体现。对于农村职业教育投资回报率一直不高，汪博兴（2003）就提出了我国职业教育经费短缺的原因，一是本科院校经费供需的悬殊；二是政府财政投入不足；三是生源危机，这些原因导致我国职业教育的发展受到严重阻碍。

对于公平与效率的关系，钱伯斯提到公平与效率相互补充又相互冲突，因此职业教育的和谐发展离不开公平与效率的兼顾。本森（Benson，1985）提出了一个财政投入公平和效率的评价标准：首先是教育资源的有效性；其次是教育经费要充足；最后要让教育资源配置更加公平合理。戴国强（2007）提出在职业教育中公平与效率相互依存，公平的前提是效率，效率的目的是公平，只有协调好二者之间的关系，合理配置有限的资源以达到最高的报酬，才是保障职业教育和谐发展的有效途径。牛征和王宇波（2006）都提到对于职业教育要多学习国外先进的财政投资体制来提高财政投入的公平和效率。

2.3.2 农村职业教育财政投入与经济发展

经济发展过程中存在诸多因素和一些难以解释的特殊现象，丹尼森（Denison. E. F. 1961）通过 1929—1957 年美国经济数据分析发现，这期间美国年均产出增长率为 2.93%，其中只有 2% 能够以劳动、资本、土地这三个要素来解释，但是在经济增长中无法用传统的三要素解释剩下的0.93%。丹尼森估算出 1929—1957 年教育对美国经济增长的贡献超过23%。另一位著名经济学教授西奥多·舒尔茨采用"余数分析法"估算出相同跨度年间教育对美国经济增长的贡献超过 33%，两种估算都是考虑人力资本所作出贡献。西奥多·舒尔茨由此创立了人力资本理论[①]，开辟了经济学研究的新方向。罗默（Romer，M. P.，1986）和卢卡斯（Lucas，R. E.，1988）将人力资本内生化。哈孙比（Haribison）、马亚（Myer）等教育经济学家通过统计研究的方法探求受教育程度与经济增长的相关性，实证发现与经济增长人均 GNP 关系最紧密的是受中等职业教育的劳动力。

我国学者在研究中同样发现教育对经济发展有促进作用，并且也进行了定量测算。王显润、费贵麟（1982）就以吉林省全民所有制工业企业为研究对象，发现在 1952—1978 年劳动生产率总增长中有 19.2% 是靠职工教育水平的提高实现的。范柏乃等人（2005）利用 1952—2003 年数据，发现我国教育投资变化与 GDP 经济增长有着互为因果的关系，此外还测算出教育投资变化引起经济增长的贡献率约为 24.4%，在以市场经济为导向的改革后，此比例得到一定提高。王凤羽（2012）利用面板数据对辽宁省农村职业教育财政投入与经济发展的关系进行实证研究，发现增加农村职业教育的财政投入可以促进经济的增长。范红（2015）利用 2007—2011 年教育经费数据，对比发现农村职业高中的教育经费投入远远低于

---

① 人力资本理论强调：人力资本投资收益率超过物力资本投资的收益率，人力资本在各个生产要素之间发挥着相互替代和补充作用。

农村普通高中的教育经费投入，因为财政投入不足导致农村职业教育在整个国民教育体系中处于弱势地位，同时也阻碍了农村职业学校的发展，在新型城镇化建设的历史条件下，处于弱势地位的农村职业教育不能很好地满足社会经济发展的要求。徐鲲（2012）分析梳理中国农村教育现状，指出中国农村教育与农村经济增长不协调，农村教育的功能不能有效发挥从而农村经济发展得不到有效促进。

2.3.3 农村职业教育财政投入规模和结构

库恩斯（1971）认为学校的财政能力在很大程度上取决于政府财政能力、政府财政配置能力和效率等。因为地方政府财政收入的多少决定着教育经费的投入，不同地方的财政收入能力不同，因此它们为了子女更好的教育而对学校的资助也不相同。在这一点上乡村和城市财政收入优于乡村的经济和财政状况，必然会导致农村职业教育中接受财政投入的规模和结构会不足。舍曼（Sherman J D，1980）分析了各学校间拨款的不平衡现象主要是由于学校教育在某种程度上太依赖于地区以及地方政府部门的资助。在通常情况下，中央政府具有为那些给适龄青年办学的当地政府提供拨款的义务，特别是当州政府以及地方政府缺乏资金时责任更大。在国内，彭干梓（1993）提出教育经费不足是我国农村职业教育发展面临的最大困难。韩永强（2014）将我国职业教育经费投入情况与 OECD 国家的对比后发现，我国职业教育投入在国内生产总值的比重、生均经费以及国家财政性教育经费投入的占比等方面远远低于 OECD 国家的平均水平。蒋作斌（2005）提出需要采取强有力的政策措施来保障农村职业教育的经费投入。刘春生、牛征等（2002）认为我国教育投资管理体制僵化等缺陷使得职业教育从设立之初就存在先天性经费投入不足的困境，我们应当从政府、企业、金融、个人等多个方面入手解决教育经费问题。

2.3.4 农村职业教育财政投入方式

弗里德曼（Friedman. M.，1962）认为学校的教育能够为社会带来非常重要的利益，特别是大多数的中等教育创造了更大的社会效益，所以在学校经费投入中政府要相应地提供资金，当然私人资助办学也是必不可少的。韦斯布罗德和鲍恩（1964）认为每个社会需要根据收益原则来决定由谁来对学校教育的资金进行支付。在国内，多数学者认可专项拨款的方式，如马建富（2003）提出为保障农村职业教育获得优先投资，使得不同地区的农村职业教育能够均衡化发展，要创立以各级政府财政为主体的"农村职业教育及人力资源开发基金"。雷世平（2005）认为农村职业教育在"以工促农、以城带乡"的城乡关系背景下，仅仅依靠县乡的财政来支持农村职业教育的发展有很大困难。雷世平（2015）提出只有国家财政的大力支持，才能促进农村职业教育的发展。但农村职业教育资源供给不足与农民日益增长的培训需求之间的矛盾比较突出，因此不能只靠国家财政支持农村职业教育的发展，需要鼓励社会资本开展农村职业教育，通过多种形式的合作拓宽农村职业教育经费的来源。马树超（2003）利用大量数据资料的整理分析，指出我国2000—2002年全国教育经费总投入及财政预算内教育拨款年均递增均超过20％，但是中等职业教育经费投入还严重不足，与普通高等教育经费投入还存在着显著差异。因此提出不仅要从总量上加大农村职业教育财政投入，还要特别注重财政性职业教育经费拨款方式的改革，其中拨款要逐步按照生均成本进行，对家庭经济困难学生要加大直接资助的力度。王宇波（2006）建议在拨款方式上借鉴澳大利亚政府职业教育公开招标的市场化运作模式以改善目前我国市场需求和体制改革的职业教育的拨款方式，达到提高资源利用效率的目的。黄蔚（2005）认为在成本分担上，政府对职业教育经费的投入应达到整个投入的40％～50％，行业对职业教育经费的投入应占整个经费投入的30％～40％，当然具有不同类型、层次、办学成本等的职业教育其比例不尽相同。

2.3.5　农村职业教育财政投入保障机制

目前，农村职业教育相关的国家政策也较缺乏，受重视程度远比不上高等教育和义务教育，其保障机制的研究更是处于缺失的状态。郭扬、胡秀锦（2009）分析了2002年以来我国职业教育经费投入的数据，结果表明虽然我国职业教育经费投入力度有所加强，但是仍与职业教育发展的速度不相适应，并提出要建立健全职业教育投入保障机制。张晓芳（2011）认为应该保障职业教育经费的投入水平，努力形成以政府投入为主，多元渠道为辅的复合型预算经费保障机制，这是职业教育经费投入保障机制的重要内容。职业教育经费投入保障机制的构建一方面有利于形成稳定的职业教育资金来源，另一方面可以提高社会对职业教育的认识并加强社会参与。郭国侠等（2012）梳理了"十一五"以来我国职业教育财政经费保障机制建设的成效和问题，发现我国还没有科学的、完整的经费保障机制体制，并提出了相应的解决方案。尹小宇（2002）通过分析美国社区学院经费的来源，针对我国实际情况提出发挥政府财政投入的主渠道作用、确定合适的学费标准、降低办学成本等措施来完善我国高等职业院校经费体系。综合相关的文献，目前我国农村职业教育经费保障机制主要是关于经费投入的经费保障机制。

2.4　文献述评

通过以上文献分析，目前对农村职业教育的相关研究较多，具体而言，在关于农村职业教育财政投入方面，现有研究也只停留在公平与效率、产品属性或者规模与结构等方面的片面研究，真正系统研究农村职业教育财政投入保障机制问题的很少，主要表现：一是系统分析农村职业教育财政投入的预算机制、责任机制、评价机制和监督机制缺乏；二是基于高素质农民培训非全日制教育和中等职业教育的全日制教育两大输出端的评价指标体系尚有不足；三是基于监督的主体、客体及监督程序的整体监督体系设计还不够完整。同时，近几年来，国家对中等职业教育给予了一系列的优惠政策，如增加财政投入、提供税收减免、鼓励校企合作等。然而，关于农村职业教育对新型职业农民的相关研究仍主要停留在定性研究层面，多数研究是借鉴国外先进经验为我国农村职业教育的发展提供思路和参考。少有研究将农村职业教育财政投入与高素质农民的培育结合起来进行深入研究。具体而言，这种结合研究的不足主要表现在以下两个方面：一是短期非全农民培训财政经费支出统计较为困难，进一步分析其财政投入绩效的研究也就存在严重不足；二是各个地区农民培训的时间、规模、结构等也不尽一致，缺乏计量分析比较口径。因此，借鉴已有的相关研究成果，无论从理论的维度还是实践维度，基于乡村人才振兴的视角研究农村职业教育财政投入保障机制对新型职业农民的培育、高素质农民的培养都具有重大的理论价值和现实意义。

第3章 | 相关理论分析

3.1 农村职业教育相关理论

3.1.1 农村中等职业教育理论

在美国和欧洲的发达国家，农村中等职业教育很早就开始了。研究农业职业相关教育的比较权威理论是"农业职业教育理论"。该理论主张政府带头增加对农村人口的资本投资，第一，要注重农村中等职业教育，为农民提供科学技术知识，增加农村中等职业教育设施的数量、资金，提高教师培训水平；只有这样，才能通过增加对农民人力资本的投资来实现促进经济发展和农业增长的目标。换句话说，该理论认为所有学生的农业培训课程都是对教育资源的浪费，应该把重点放在为农民提供服务和农业生产上。第二，农村中等职业教育的内容必须明确。农民是明智的投资者，在投资教育的决策过程中，因为中等职业教育可以给他们带来实际的利益，因此农民需要接受教育。该理论认为，抽象概念超越了农业生产的理论知识，应该从农村中等职业教育体系中剔除。第三，要明确中等职业教育的方式，这意味着农村职业教育应提供非正规的、不脱离农业生产的、更加灵活和多样性的教育发展方向。中等职业教育的关注要点更多的是要注重农业的生产、科技推广和农民自身特点的紧密结合，是最有生命力的教育形式。应该说，舒尔茨和福斯特关于中等职业教育的研究特别强调了农村特点的便捷性与实用性，进入 21 世纪，随着整个社会经济科学技术的发展，农村中等职业教育的教师面临巨大的压力与挑战，主要是教师面对的教育对象参差不齐，促使教师要高质量地完成教学任务，并且把农村教育理论成果融入课堂，更新和优化所教授学科的教学内容，推进农村中等职业教育的发展。

3.1.2　经典马克思主义职业教育培训理论

1844 年，马克思首次提出"人的全面发展"学说，对资本主义社会滥用童工的事情进行批判。在机器时代，机器又取代了软弱的工人，剥夺了人的全面发展。"人的全面发展"的概念被马克思正式在《德意志意识形态》一书中使用，站在历史唯物主义的角度，对人所需要的全方面发展进行了科学理性的分析，同时提出"人的全面发展是人的各种能力的发展"。马克思对于"完整的人"的定义不应该是在资本主义社会背景下，人不应作为单一的机器或者一种工具的发展，而应该作为一个包含了各类型能力、良好的社会关系以及独特的个性发展的集合。要使人能够得到全面的成长，需要在人的培训流程中将教育和劳动进行有机结合，而职业教育可以直接地提高人的能力的开发，促进人的全面发展。

正如马克思在《资本论》中提出"生产劳动同智育与体育相结合"就是现代社会中职业教育培训对受训者的教育模式，采取技术培训与文化教育双管齐下的教学方法，同时培养学生的动手能力，全方位开发受训者的能力，在一定程度上实现了人的全面发展，符合新时代对于人才"德智体美劳"全面发展的标准。马克思在《共产党宣言》中科学地论证了职业教育与人的全面发展之间的关系，提出不能孤立看待教育，要结合物质生产，也提出了"每个人的自由发展是一切人的自由发展的条件"。他指出，职业教育是未来儿童教育发展的方向，在共产主义社会中，教育是全面的，服务于人类的全面发展。这是未来社会发展的方式。与此同时，它也指出了未来的教育方向，它将教育与生产联系起来，从根本上说，它为职业教育的形成和发展奠定了理论基础和指导方针。

3.1.3　农村发展与教育理论

人是所有财富的根本和最终来源，教育是所有资源中最重要的资源。舒马赫指出，农村问题是发展中国家的主要问题，因为大多数发展中国家的人口分布在农村地区而不是城市。要想解决全球贫困问题，我们需要解决农村贫困问题。农村教育理论和他的教育理论可以概括为四个主要方面：①农民教育的重要性。舒马赫强调，所有的成就都源于人的努力，而改变一个人的思维方式能够推动经济的发展。他进一步指出，农村贫困的深层原因之一是农村教育质量低下，以及农民缺乏组织和纪律。因此，提高农村教育质量，培养农民的组织和纪律性，是帮助农民摆脱贫困的重要途径。舒马赫认为，最好的帮助是智力上的帮助，即传播科学和实用的知识。这种知识不仅能提高农民的知识水平，还能增强他们的智力和信心，从而更有效地推动农村的发展。②农民教育的目标。农民教育的最终目标是服务于农村的建设和进步，以及满足普通农民的需求。这意味着农民教育应该紧密结合农村的实际，关注农民的生活和生产需求，为他们提供实用的知识和技能。同时，农民教育还应该注重培养农民的创新意识和创业能力，帮助他们实现自我发展和价值提升。③农民教育的内容与方法。农民教育的内容应该包括实用的农业技术、经营管理知识、市场信息等方面。在传授这些知识时，应该注重方法的选择和创新。舒马赫认为，知识传授应该与农民的文化水平相匹配，采用易于理解和接受的方式进行教学。同时，还应该注重实践教学和案例分析，让农民在实践中学习和掌握知识。④农民教育与农村发展的关系。农民教育与农村发展密切相关。教育过程是一个渐进的过程，它决定着农村发展的方向和速度。舒马赫强调，农村改革必须利用教育、培训等手段，将知识的内在力量和安全引入农村发展。通过提高农民的知识水平和技能水平，可以增强他们的生产能力和创新能力，推动农村经济的发展和社会的进步。同时，农民教育还可以促进农村文化的传承和创新，增强农村社区的凝聚力和向心力。

3.1.4　教育内外部关系规律

1980 年，潘懋元先生提出了教育内外部关系规律理论，不仅填补了高等教育逻辑的理论空白，也为高等教育的基本范式奠定了坚实的基础。规律性是关系的范畴，具体指事物的本质联系及其所展现的普遍性、客观性和稳定性。正如潘先生所说，"法律在任何地方都不起作用，规律的应用是有条件的。"所以，充分认识教育中内外联系规律的理论意义和现代教育的价值，首先要了解其社会背景。

教育的发展过程离不开实践。《教育科学研究》是我国教育理论研究中最权威的刊物，在 1979 年创刊之初就格外关注教育相关规律的研究，诸多具有影响力的专家在《教育科学研究》杂志上发表了教育相关规律研究的论文。这些学术成果，迅速引起学者们对教育规律问题的重视，使教育本质的研究一时成了热点话题，在逐步深入的研究中，学者们的观点逐渐演化为非四大类型，首先认为教育是属于上层建筑，其次将教育定义为生产力，再次将教育归类为前两者的结合，最后一类则把教育归纳为一种社会实践活动。为什么高等教育屡次失败？是因为教育脱离了社会生产活动，也就是违背客观规律所致。长期以来，"教育学被视为是研究教育现象及其规律的一门科学。"但是，教育规律的具体内容是什么？有多少条教育规律？这个问题一直困扰着教育学研究，使得教育学研究因缺少这一规律而变得不"科学"。教育是连接人与社会的中介组织。

3.2　教育配置理论

人力资本发展要求合理配置教育资源。教育资源配置可以引导人力资本投资方向，人力资本达到最佳结构的投入，才能进一步提高人力资本投资效率。教育资源配置的不均衡，会造成受教育者知识及技能水平的差异，从而造成就业能力提高程度的不平等，最终无法实现劳动力整体就业质量的提升。教育资源配置引导教育投入方向，包括学校内部基础设施、公用设备及教师保障之间的配置，也包括匹配地区经济发展需要、产业转型发展需求之间的配置两方面。在我国的发展过程中，对教育事业的发展尤为重视，对公共教育的财政投入逐年增加，但是教育相关的资源不论从量还是结构上都不能满足需求，教育结构资源分配不公，导致不同地区劳动力质量的差异，使其不能充分享受因人力资本投资带来的就业质量的提高。

教育配置理论强调教育资源的合理配置对人力资本发展的重要性。在农村职业教育中，合理配置教育资源是提升劳动力就业能力的关键。当前，农村职业教育财政投入存在不足和不均衡的问题，影响了教育质量和效果。因此，应加大财政投入力度，优化教育资源配置，确保教育资金用于改善教学环境和实训设备，提升教师队伍素质。同时，根据不同地区的需求和产业发展趋势，调整培训内容和方式，使农村职业教育更加符合市场需求，为农村经济发展提供有力的人才支撑。

在现有农村职业教育财政投入的基础上，要协调职业教育公用部分及个人部分投入，职业教育在通过教师队伍建设使农民工能够拥有适应产业结构变化的技能水平外，更要通过实践方式使其技能得到切实提高，这需要改善教学环境和提高实训设备的公用经费投入。同时，要协调不同地区间的教育投入，不同地区的农民工因其接受职业教育的程度及质量不同产生人力资本的差异，获得就业能力不同导致其就业质量不均衡。就业质量是农村职业教育与培训资源配置优化的主要依据，依照不同需求下的劳动市场所提供的信息，来进行相关培训的调整。因此，想要充分提高劳动力就业能力，要合理配置教育资源，使教育更好地发挥人力资本投资作用。

3.2.1　教育成本分摊理论

多元教育投资主体是路径选择。布鲁斯约翰斯通针对教育投入成本分担提出相应的意见建议，得出教育成本应该分摊到政府、社会资本以及企业等。教育作为一种投资讲求收益，要满足各类主体的需要，国家和社会作为教育发展的受益主体，也应该成为教育发展的主要经济主体；企业因聘用受教育者提高了其生产效率，所以企业也应当分担部分教育成本；学生学习知识和技能，提高了自己的收入和社会地位，应当缴纳学费。教育投入经费的有效分担可以促进教育资金来源渠道的多元化，为教育经费投入的增加提供持续性动力。

我国较为重视高等教育投入，同时基础教育投入因受到法律保障比重提高，只有农村职业教育所接受的资金投入长期不能满足。农村职业教育的财政投入应当遵循教育成本分摊理论的原则，由政府、企业以及个人等主体共同承担。教育的成本分担理论本着谁受益谁付费的原则，农村职业教育培养出的农民工作为我国劳动力群体中的大军，促进了国家经济的进步，也能为企业创收和提高个人收入，因此政府、企业包括个人在内都需要承担起在农村职业教育过程中支出费用的责任。在政府为投入主体的前提下，引导企业、民间资金等社会力量投入，构建多渠道的经费来源，构建以政府为主体，其他多主体共同参与的多渠道筹措农村职业经费投入机制。

3.2.2　教育成本收益理论

教育成本指的是个体在教育过程中需要付出的成本费用。根据不同的支出主体，可以将教育成本分为个体成本和集体成本。

职业教育的个体成本主要体现在两个方面。一方面，个体成本包括在学习教育材料、工具、食品、交通工具、技术培训、参与活动等中所产生的费用。另一方面，个体成本指的是个体由于接受教育放弃工作收入所产生的间接费用。对于某些孩子来说，特别是那些接受过高等教育的孩子，这些教育费用往往是由他们的父母进行投资的。与此同时，孩子们为了接受教育，不得不放弃原本可以从事的工作和赚钱的机会。发展农村高中职业教育是解决"技能短缺"问题的有效选择。

职业教育的社会成本包括许多方面：第一，政府主要负责投资建设学校，不仅是在土地上，而且是在基础设施建设和学校建设方面。支持教学和培训，安排教学材料和设备。这些设施的所有费用主要由政府提供，由当地企业和组织提供支持，政府是学校建设的投资者。然而，需要注意的是，在教育投资上得到的回报往往远低于教育投资所需的成本。通过经济研究分析，可以分析职业教育投资的最佳收益，以及教育收入和教育投资的数学统计，然后进行成本效益和投资分析。然而，在进行成本和投资效益分析时，直接比较是很复杂的。社会成本有一个独特的特点，首先它的收入是可以预测的。教育支出不是一次性的，而是长期的，可持续的。这些投资的成本是无法预测的。即使它们对个人和社会都有好处，它们也不会带来好处。因此，有些人认为，由于你无法计算支出的利润率是否与当前教育支出和当前投资成正比，因此教育投资将是投资和消费，而没有预期的回报。这是因为某一阶段的投资成本只能在很长一段时间后实现。第二，职业教育的主要内容是传授具有可预测性和实用性的技术知识和技能。职业学院致力于培养合格的专家和技术人才。他们进入学校的时间很短。在进入社会后，他们成了生产工人，从事工程、工艺和教育工作。他们很快就从职业活动中受益，并在其他教育上享受到更高的公共支出，以及政府对教育的投资。与此同时，如果他的工作与他的专业不同，他的补贴成本往往会变成"洪水"，这使得他很难获得与维持工作相关的其他收入，而且可能低于他的平均收入。所以它的收入是不稳定的。第三，职业教育还具有积极的外部优势，即它不仅提供技术教育，还包括基本文化素质、专业类的文化性知识、商业相关技能以及企业家素质等方面的教育。这些教育内容为毕业生提供了更广泛的职业机会和发展空间。

3.3 公共产品理论

自 1919 年 Lindall 平衡公共产品供应提出以来，公共产品主题的研究经历了一个长期的过程。萨缪尔森分别于 1954 年和 1955 年，先后发表了两篇文章，分别是《纯粹的公共支出理论》和《讨论公共支出的理论策略》，以解决公共商品理论的核心问题。在现代社会中，这一理论已成为调节政府与市场关系的基础，改变了政府职能，形成了政府支出，并指导了公共服务市场。在许多关于公共产品相关问题的解释研究中，萨缪尔森认为每一个人对这种产品的消费不会影响其他任何人也对这种产品进行消费。强调了公共产品的三大特性：一是效用的不可分割性、二是消费的非竞争性、三是受益的非排他性。在公共产品理论中，当市场失效时公共经济和政府可以介入，政府最主要的主体责任就是提供公共产品（厉以宁，1988）。

保罗·萨缪尔森（Paul Samuelson，1954）首先提出公共产品经济学理论。他明确区分了公共物品的概念，使用数学工具用以区分私人与公共产品的分界，并且制作《公共物品理论的图示公式》，里面所示的许多产品并不能代表公共产品。萨缪尔森又在此基础上通过论述私人产品，对私人与公共之间所存在的联系和差别进行描述。公共产品所具备的价值，则是私人产品所具备的班级成本的加总。它是没有竞争力的公共消费产品。市场上的价格和供应就像私人商品一样。公共产品最重要的优势在于它们有助于保障公共消费。在公共消费中，公共产品没有利润，它的目标并不聚焦于商品自身，更多的是侧重群众。由于正外部性的特点会出现"搭便车"的现象，所以，具备能够提供公共产品资格的有且只有政府，准公共产品由政府部分提供。

公共产品理论在理论研究方面为本研究提供了一定的理论支撑。一方面，基于本研究的主题，要明晰农村职业教育的基本特征，同时也要了解职业教育的基本特点。在市场经济条件下，政府不仅要提供必要的外部环境条件，也要起到矫正和调节作用。政府的财政投入是为具有不同教育产品属性的公共产品或私人产品进行市场调节和资源配置。另一方面，教育成果的正外部性的强弱决定了公共产品属性的强弱，同时也体现出各级政府财政投入责任的大小。公共产品的这一特征不能成为拒绝市场机制的理由，特别是处在转型时期的中国，更需要加强对社会资源的配置，提高资源利用效率。

公共产品理论为农村职业教育财政投入提供了有力的解释。农村职业教育作为一种教育服务，具有公共产品的属性，其效益不仅惠及个体，更对农村社会经济发展产生广泛影响。因此，政府作为公共利益的代表，有责任承担农村职业教育的财政投入。政府通过加大投入，改善农村职业教育设施条件，提高教师待遇，吸引更多优质教育资源向农村倾斜，从而为广大农村学子提供更多接受高质量职业教育的机会。

3.4 人力资本理论

1950 年，美国经济学家西奥多·舒尔茨创立了人力资本理论。认为人力资本是一种知识、技能和经验的集合，具有经济价值，可以直接为工人投资于他们的公司带来增值价值。1960 年，舒尔茨将人力资本理论与农村经济发展相结合，提出了农村教育的经济思想，舒尔茨在《传统农业转型》一书中强调，影响现代农业经济发展的主要因素不是土地、金钱和人口等物质资产，而是农业工人的知识、技能和能力，即人力资本。此外，我们的"振兴农村"战略以"人"为主要任务。《农村人口调查》明确指出，加强农村人口基础建设，提高农村人力资源质量，恢复农村资源，不仅是实现"复兴"战略目标的重要支持，而且是农村地区建立"造血"机制的重要支持。政府或相关部门加强农村人力资本调整和投资，提高农村人力资本质量，巩固农村改革成果。舒尔茨曾在《人力资本投资》这一研究作品中提出，人力资本是由投资所产生的，而不是自然给予的。它只能通过现有的投资获得。此外，教育是投资人力资本最有效的方法。

这一研究明确了教育在人所进行的资本积累中处于重要的地位，它的质量取决于教育的质量，但在很长一段时间内，由于城乡经济结构的双重影响，农村学校数量中等短缺，质量较差，严重影响了农业生产和收入增加的人力资本使用效率。政府对农村学校的投资是不够的，但考虑到农民的投资和教育理念，政府必须对农村地区给予适当的关注，投资于教育和农业政策。为了改变农民对教育和投资的看法，教育必须成为与农业经济和农民收入密切相关的生产资本的来源，强调工具、特征和对农民教育的价值，以及农村教育在制定农村复兴战略方面的作用，舒尔茨非常重视农村的经常性教育。

通过财政投入支持农村职业教育，实际上是对人力资本的投资。这种投资不仅提高了农村劳动力的技能和素质，还增强了他们适应市场变化和创新能力，为农村经济的持续发展提供了有力的人才保障。他认为，"对于那些忙于农业的成年人来说，在普通学校学习，组织短期培训课程，教授先进的农业技术，组织定期的农民培训会议，将是非常有用的"，提高农民的教育水平将刺激农村地区的经济持续增长，以此来奠定现代农业的基础。人力资本，包括对农民的教育、培训和医疗保健，可以通过农村职业教育提高农场的整体质量，提高农业质量和农业福利。人力资本理论强调教育的经济效益和社会效益。对农村职业教育的财政投入，虽然短期内可能增加政府财政负担，但长远来看，它将带来巨大的经济回报和社会效益。这种回报不仅体现在个人收入的增加，更体现在农村经济的整体繁荣和社会稳定。

3.5 均衡理论

马歇尔以供给分析理论为基础，发展出局部的供求均衡理论。以学科知识中的供给策略和同属其中的需求策略相结合为前提，构建对应的供求关系系统，研究后得出对相对效率理论影响较大的是均衡效率。在 20 世纪初新古典主义的经济学蓬勃发展的时代，人类数量的上涨挤占了更多的可利用资源，使得人均可利用资源渐渐变少，人类社会发展的脚步被资源稀缺这一问题逐渐拖慢。由此，只有提高稀缺资源的使用效率，才能继续人口增加前的富足生活，所以为了使资源更加有效地使用，也更加优化资源的使用情况，供求之间的均衡问题逐渐产生。更加合理地使用、优化资源，可以使得人类的利益以最大化的面目实现。以制度规范选择，以此为控制条件进行活动以达到供求均衡的状态。

在供应分析理论和边际收入理论的基础上，马歇尔发展了供需平衡理论。在这个平台上，他建立了一个供需体系。它的平衡效率对相对效率理论有更重要的影响，但现有的资源越来越少。人们开始意识到，为了有一个丰富的生活，我们必须更有效地使用稀缺的资源，有效地和优化地使用资源。为了达到供求平衡，人类努力为人类的利益优化资源。这意味着，在某些制度标准下，有意识的活动是为了优化资源效率和实现供求平衡。这是一个非常有效的标准，它更好地对人们的生活方式进行了优化，确保顾客之间的平衡和对人们生活方式的满足。

农村职业教育的财政投入涉及多个经济主体，包括政府、学校、企业以及个人等。这些主体在决策过程中，会考虑到各自的利益和需求，如政府可能关注教育公平和经济发展，学校可能关注教育质量和资源利用，企业可能关注人才培养和劳动力市场，个人则可能关注教育投资回报和职业发展。在均衡状态下，这些主体的决策应该达到一种平衡。政府会根据农村职业教育的需求和财政状况，制定合理的财政投入政策；学校会根据财政投入和政策导向，优化教育资源配置，提高教育质量；企业会根据市场需求和人才培养情况，参与职业教育并提供实践机会；个人则会根据教育投资回报的预期，选择是否投资于农村职业教育。然而，在实际操作中，农村职业教育财政投入的均衡状态往往难以实现。一方面，政府财政投入可能不足，导致农村职业教育资源短缺，无法满足社会的需求；另一方面，企业和个人可能因为各种原因（如投资风险、收益不确定等）不愿意过多投资于农村职业教育。此外，政策执行中的偏差、资源配置的不合理等因素也可能影响均衡状态的实现。为了实现农村职业教育财政投入的均衡，需要政府、学校、企业和个人共同努力。

3.6 激励理论

激励理论是管理学和组织行为学的核心组成部分，它探讨如何通过特定的方法和手段来激发和维持个体的工作热情和动力。动机作为心理过程的关键环节，为个体提供了实现目标所需的内在动力。简言之，动机是点燃个体热情、驱动其行动的火种。因此，如何确保激励的正确性和有效性，是当前激励理论研究的核心议题。

动机是一种心理过程，为人们提供足够的物质和精神需求可以刺激他们的内在动机。简而言之，这是一个充满激情的过程。如何保证正确的激励是目前激励理论研究的重点，根据人民的需要利用规则选择合适的激励方法激发人们的热情。美国学者弗洛姆的"期望理论"是一个著名的、广泛使用的激励理论。他提出，人的行为是为了追求所要达到的目标，而这个目标对人激励作用的大小则取决于个人对目标价值的估计和这个目标实现的可能性。目标价值越大，那么动机就会越强，最终实现目标的可能性就会越大。在农村职业教育领域，激励理论同样具有重要的应用价值。在教师队伍建设过程中，我们可以充分运用激励机制，调动广大农村职业院校教师教学和科研的积极性和创新性。例如，通过设立明确的奖励制度，对在教学和科研方面取得突出成果的教师给予物质和精神上的双重奖励，可以有效地激发他们的工作热情和创新精神。同时，我们还可以为教师提供职业发展的机会和平台，帮助他们实现个人价值，从而增强他们对教育事业的归属感和使命感。此外，农村职业教育机构还可以通过改善工作环境、提高福利待遇等方式来增强教师的工作满意度和幸福感，这也是一种有效的激励手段。当教师感受到学校和社会的关心和支持时，他们的工作积极性和创造力也会得到进一步提升。激励理论在农村职业教育教师队伍建设中发挥着重要作用。通过运用激励理论，我们可以更好地激发教师的工作热情和创新精神，推动教师队伍整体职业素养水平的提高，从而为我国农村职业教育的发展注入新的活力和动力。

3.7 社会选择理论

社会选择理论由肯尼思·阿罗（Kenneth J. Arrow）和阿马蒂亚·森（Amartya K. Sen）提出，已经成为现代经济学的重要组成部分。罗云峰（2003）指出，社会选择是将个人偏好集结为集体的决策，所以对于社会选择理论来说，其主要的研究方向是"个人价值与社会选择之间的冲突与一致性的条件"。例如：选举、市场机制，包括改革，均是重要的社会选择。

在社会选择理论中，有效的政治决策是基于团体之间或个体之间的谈判、妥协和调整的政治过程。与此同时，教育经费的投入直接决定并影响农村职业教育的发展，所以激励与约束政府财政的投入策略，尤其是在地方财政间政府教育经费投入的行为是使农村职业教育经费得以顺利解决的关键。因此，正确运用社会选择理论来研究农村职业教育财政投入保障机制能够深入探讨政府在行使职能过程中的效率问题，最终为农村职业教育改革和完善提供一些有益的借鉴和启示。

3.8　应用博弈理论

在多年的应用和发展中，博弈论的发展越来越完善。张维迎（2004）对博弈进行了更全面、更系统的分类。

从理论上讲，制度和政策变化都是经过博弈之后的结果，所以运用博弈论来解决中央财政与地方财政的冲突具有一定的优势。王文华（1999）采用了偏好序列矩阵来寻找均衡的局面，分析了税收制度和财政制度两大背景下中央与地方政府间不同财政博弈模式的变化。廖楚辉（2003）指出，政府的分权使得多级教育财政为竞争教育资源出现博弈行为，从而构建了多级教育财政博弈的效用模型，并提出要合理设置教育财政的层级从而降低教育资源效率的损失。罗晓华（2006）分析了各个地方政府之间以及中央政府与地方政府间在农村进行税收的改革后义务教育财政转移支付的博弈行为，得出中央政府必须制定有效的激励策略和监督机制，并将地方政府义务教育的投入作为确定转移金额的重要依据。董伟（2013）分析了中央政府和地方政府在转型过程中的金融博弈，指出金融体系从财政责任体系向税收共享体系的转变是不可避免的。政府间金融博弈是推动中国金融体制改革不断创新的内在动力和催化剂。

博弈论在解决中央与地方财政矛盾方面独具优势，尤其在教育财政领域的应用中展现出其独特的价值。通过分析中央与地方政府、地方政府间的博弈行为，可以揭示教育资源分配中的内在规律和逻辑。运用博弈论对农村职业教育财政主体责任问题进行深入研究，有助于推动农村职业教育财政体制的改革和完善。

3.9　排队理论

排队理论，是一种应用在公共事业理论中的数学方法，主要是用来研究获得服务对象所产生的随机聚散现象的理论，通过使用有限资源以达到优化现有系统的目的就是排队理论的本质，充分利用有限资源达到服务所需成本逐步降低，服务的效率也逐步得到提高，最终实现利益的最大化目标。排队理论是运筹学的一个分支，通过对服务对象排队长度、排队时间等的研究，改善现有的服务系统以及对需求和服务关系进行协调达到最优的一种数学理论。

随机性属于配对系统的固有属性，一般来说排队对象的到达时间和所获得服务的时间都是随机的，以传统排队系统为例，主要通过两个方面说明，第一方面分为两点，一是动态优化问题、二是静态优化问题，动态优化是在排队系统实施之前的优化设计，是对系统实施后未来运行状态的一种估计，也是系统设计的重要依据；静态优化则是为其寻求最优的系统方案，使系统的利益指标最大化。另一方面则是排队系统的规律问题，通过对数据的分析，得出事件的分布结果，构建排队系统模型，以此对指标概率规律进行研究。

排队对象为了得到相应的服务，进而触发了前往排队系统的意愿。但并不是一来就能得到想要的服务，要先按照预先设置好的规则进行有序可控的排队。排队规则大体上可分为等待制、损失制以及混合制三种：等待制更多地倾向于服务设备忙碌时，且刚刚到达的被服务对象选择有序进行排队，耐心等待的制度；损失制意为当对象到达时，服务设备都处于繁忙时，该对象将无法获得服务并离开，即服务机会损失；混合制指的是二者兼有的情况。

根据排队理论，可以针对各类职业教育项目的实际需求等因素构建模型，预测不同项目在不同投入水平下的绩效表现。这有助于教育管理部门在有限的财政预算内更加科学地分配资金给那些能最大化教育资源利用效率和受益人群的项目。

3.10 社会网络理论

经济行为的社会分析主要源于人类学和社会心理学发展起来的社会网络分析，在社会网络分析发展之后的使用过程中逐步突破原有理论束缚，成为多种学科的重要研究方法。简单来说，社会网络所表述的主要含义为人与人、人与社会之间的互动，可以说是一种社会网络关系，这一观点作

为最初的社会网络思想版本是被普遍认可的。社会网络由英国人类学家
A. Radcliffe Brown 正式提出。构建一个完整的社会网络，通常会涉及以
下三部分概念：一是行动者，是出于社会网络是在行动者关系的基础上形
成的，随着关系的变化而表现不同的形式。"行动者"有可能只是普通的
单薄的个体，有可能是一群人、单位或者社会性的事件等。二是关系，关
系是行动者之间一切联系的抽象集合，依照行动者数量的不同划分为两方
关系、三方关系和多方关系。人与人的关系错综复杂，社会关系的表现形
式也是多种多样的。常见的有亲友关系、上下级关系、交换关系、工具关
系等。三是子群，即一部分行动者之间通过不同形式的连接所构成的子
集。受情感、利益多方面因素影响，一个复杂的社会关系网中往往存在多
个规模、性质、程度不一的子群，既有合作又有竞争。

在职业教育中，精通不同领域的教师、专家所形成的紧密关系，本质
上也属于社会网络，他们在各环节中的相互作用在职业教育体系中发挥着
巨大作用；在社会网络中，每个节点都有其特定的资源需求和供给能力。
财政投入作为一种重要资源，在网络中通过相互依存和合作机制得以传递
和优化配置。加强农村职业教育的财政投入，需要优化资源配置网络，确
保资金流向最需支持的环节。运用社会网络理论可以深入分析农村职业教
育财政投入保障机制的建设，揭示其内在的关联性和互动规律，确保财政
投入的高效利用和可持续发展。

3.11　小结

农村职业教育相关理论中，农村中等职业教育理论强调政府应增加对
农村人口的资本投资，特别是教育投资，以提供科学技术知识，促进农业
增长和经济发展。经典马克思主义职业教育培训理论则主张教育与劳动相
结合，通过职业教育促进人的全面发展。马克思提出"人的全面发展"学
说，强调教育不应孤立，应与物质生产相结合，实现人的各种能力的发
展。这一理论为职业教育的形成和发展提供了理论基础和指导方针。农村
发展与教育理论强调农民教育的重要性，旨在通过智力支持提升农村发
展。舒马赫指出，农村教育质量低是贫困的根源，知识传播需适合农民的
文化水平，给予他们信心和希望。农民教育的最终目标是服务农村建设与

农民进步。同时，教育内外部关系规律揭示了教育与社会发展的紧密联系，教育作为连接人与社会的中介，其发展必须遵循客观规律。深入理解这些规律对于推动农村中等职业教育的健康发展具有重要意义。

教育配置理论强调合理配置教育资源对提升人力资本和劳动力就业能力的重要性。当前农村职业教育财政投入不足且不均衡，影响教育质量和效果。农村职业教育财政投入应遵循教育成本分摊原则，实现政府、企业、个人等多元主体共同分担。政府应发挥主导作用，同时引导企业和社会资本投入，构建多渠道的经费筹措机制，确保农村职业教育得到充足的资金支持，提升其教育质量和效益，推动农村经济发展和社会进步。教育成本收益理论揭示了教育投入与回报的关系。个体在教育过程中需承担直接成本和间接成本。而社会则通过政府投资学校建设、提供教学资源等方式承担集体成本。尽管教育投资回报难以精确衡量，但职业教育培养的专业技能人才对经济发展和社会进步具有重要意义。同时，教育还具有提升个体文化素养、创业能力等外部优势。因此，在教育资源配置中应充分考虑成本收益，以促进职业教育的健康发展。

公共产品理论指出，公共产品具有非竞争性、非排他性和效用不可分割性等特点。农村职业教育作为一种重要的公共产品，其财政投入对于提升农村劳动力素质、促进农村经济发展具有关键作用。政府作为公共利益的代表，应当承担起农村职业教育财政投入的主要责任，通过优化资源配置、提高教育质量，为广大农村学子提供高质量的职业教育服务。这不仅有助于实现教育公平，缩小城乡教育差距，还能为农村地区的可持续发展提供有力的人才支撑。

人力资本理论强调人力资本，即知识、技能和能力对经济发展的关键作用。在农村职业教育中，财政投入是对人力资本的重要投资，旨在提升农村劳动力的技能和素质，增强他们适应市场变化和创新能力。这种投资不仅关乎个人发展，更是农村经济持续繁荣的基石。通过农村职业教育，农民能够学习先进的农业技术和管理知识，提高农业生产效率，促进农村经济的整体发展。因此，加大农村职业教育的财政投入，是提升农村人力资本质量、推动农村经济社会发展的重要举措。这种投资虽然短期内可能增加财政负担，但长远来看，将带来巨大的经济效益和社会效益。

均衡理论在农村职业教育财政投入中具有重要意义。政府、学校、企业和个人作为不同的经济主体，在财政投入决策中各自权衡利益与需求。理想状态下，各方决策应达到平衡，政府合理投入，学校优化资源配置，企业参与并提供实践机会，个人则根据教育投资回报预期作出选择。然而，现实中农村职业教育财政投入往往难以达到均衡状态，受限于政府投入不足、企业和个人投资意愿不高以及资源配置不合理等问题。为此，需要政府加大财政支持，完善相关政策，同时学校、企业和个人也应积极响应，共同努力实现财政投入的均衡，推动农村职业教育的健康发展。

激励理论强调通过适当的方法和手段激发个体的工作热情。在农村职业教育中，激励理论的应用尤为关键。通过设立奖励制度、提供职业发展机会以及改善工作环境等方式，可以有效激发教师的工作积极性和创新精神。这些激励措施不仅有助于提升教师的职业素养，更能为农村职业教育的发展注入新的活力。

社会选择理论关注个人偏好如何集结为集体决策，对选举、市场机制等社会选择至关重要。在农村职业教育财政投入中，该理论可助力研究政府投入策略，尤其是地方财政间的行为。运用此理论能深入剖析政府工作效率的制约因素与规则制定，为农村职业教育改革提供有益借鉴，促进其发展。通过社会选择理论，我们能更好地埋解并优化农村职业教育的财政保障机制。

博弈论在解决中央与地方财政矛盾方面独具优势，尤其在教育财政领域的应用中展现出其独特的价值。通过分析中央与地方政府、地方政府间的博弈行为，可以揭示教育资源分配中的内在规律和逻辑。运用博弈论对农村职业教育财政主体责任问题进行深入研究，有助于推动农村职业教育财政体制的改革和完善。

排队理论主要研究服务系统中排队现象的随机规律。通过对服务对象到达时间、服务时间等指标的研究，排队理论旨在优化服务系统结构，提升服务效率，实现资源利用的最大化。在职业教育领域，排队理论的应用有助于更加科学地管理教育资源，预测不同项目在不同投入水平下的绩效表现。通过构建模型，教育管理部门能够合理分配预算，确保资金投入到能最大化教育资源利用效率和受益人群的项目中。排队理论的应用，有助于提升职业教育的整体质量和效益，推动教育事业的可持续发展。

社会网络理论为经济行为和社会现象提供了全新的分析视角。在职业教育领域，教师、专家等形成的紧密关系网络，对教育资源配置和职业教育发展具有重要影响。财政投入作为关键资源，在社会网络中通过合作与互动实现优化配置。加强农村职业教育财政投入，须运用社会网络理论优化资源配置网络，确保资金精准投放。该理论有助于我们深入理解农村职业教育财政投入保障机制的内在逻辑，提升财政投入效率，推动农村职业教育健康发展。

第4章 | 农村职业教育财政投入保障机制的历史演进与现实困境

4.1 我国农村职业教育财政投入保障机制的历史演进

本研究系统梳理中华人民共和国成立以来农村职业教育财政投入的相关政策，把农村职业教育财政投入政策的演进划分为四个阶段：第一阶段从 1949 年至 1978 年；第二阶段从 1979 年至 1992 年；第三阶段从 1993 年至 2017 年；第四阶段从 2018 年至今。从教育财政经费的来源、分配、使用、效果（监控）四个方面加以阐析。

4.1.1 第一阶段：1949 年至 1978 年

1949 年至 1978 年，我国经济实行严格的计划管理，财政体制为统收统支，职业教育经费的投入和管理也受到了这一体制的深刻影响，我国农村职业教育经费投入机制呈现出独有的特征（表 4-1）。新中国成立初期，我国财政体制实行统收统支，政府对教育经费实行统一管理。在这一背景下，农村职业教育经费主要来源于国家财政拨款，而学校则根据国家计划和指令进行招生、教学和就业安排。这种模式下，农村职业教育经费的投入和使用都受到严格的计划和控制，学校缺乏自主权和灵活性。随着经济的恢复和发展，我国政府开始意识到职业教育对于国家建设的重要性。1952 年《政务院关于整顿和发展中等技术教育的指示》中提出中等技术院校经费分层解决。《中等技术学校暂行实施办法》规定中等技术学校教育经费由各主管业务部门提供。在计划经济的历史条件下，我国中职教育投资体制的特征表现为：办学主体单一，决策权集中于中央，资源配置按照国家的指令进行，实行条块分割，多头管理的投资体制。唯一能够进行投资办学的主体就是中央政府，因此教育资金投入方式、教育资源的配置等均按照指令计划进行，在资金运行及使用效果方面缺少财税政策法规和

保障机制。1954 年到 1979 年二十几年的时间内，我国财政管理体制实行
"统一领导，分级管理"的原则，中等职业教育的财政投入实行"条块结
合、块块为主"的投资体制，即形成中央财政和地方财政配合，并以地方
财政为主要投资主体对中等职业教育进行财政投入的投资体制。其后由于
受"文化大革命"的影响，财政管理体制频繁变动，中职教育经费管理也
因此处在混乱状态。

表 4 - 1　1949—1978 年农村职业教育经费投入政策及主要内容

时间	政策名称	主要内容
1952 年	《政务院关于整顿和发展中等技术教育的指示》	中等技术院校所匹配的经费，应当按照三级财政制度进行分层负责解决。中央、大行政区及省（市）人民政府有关业务部门应在预算中将技术教育经费纳入建设资金
1952 年	《中等技术学校暂行实施办法》	中等技术学校的教育经费，按财政制度由各主管业务部门分别编入各部门的预算内
1954 年	《关于解决经费问题程序的通知》	为贯彻统一领导、分级管理的原则，今后各省（市）教育厅（局），如有发生经费不足问题，须先报请省政府统一考虑解决，如省政府解决有困难时，则由省政府转报中央人民政府政务院考虑
1959 年	《关于进一步加强教育经费管理的意见》	各级政府的财政部门以及教育行政部门应严格依照"条块结合"，以"块块为主"的精神，加强协同合作，共同管好、用好教育经费

4.1.2　第二阶段：1979 年至 1992 年

1979 年至 1992 年是我国从计划经济向市场经济过渡的关键阶段。在
这一时期，我国农村职业教育经费投入机制也经历了深刻的变革与调整，
以适应经济体制改革的需要（表 4 - 2）。党的十一届三中全会以来，我国
开始实行改革开放政策，经济体制改革逐步深化。在这一背景下，中职教
育财政投资体制也进行了重大调整，开始实行"划分收支、分级包干"的
新体制。这一新体制的实行，使得地方政府在职业教育经费的投入和管理
上拥有了更大的自主权，同时也承担了更大的责任。1985 年，中央出台
了《中共中央关于教育体制改革的决定》，该《决定》指出关于中职教育
的两个重点：一是强调了中等职业教育在我国职业教育中的关键地位；二

是强调了教育体制改革要放权。新体制的实行指明了教育尤其是中职教育的重要性，进一步丰富了中职教育的经费来源，形成了多渠道筹措教育经费的机制，地方政府开始替代中央政府在职业教育中扮演重要角色，中职教育由政府、行业、企业和其他社会力量共同举办的良好局面由此逐步展开。这种多元化的经费筹措机制，不仅有效缓解了政府财政压力，也为农村职业教育的发展提供了更为充足的资金支持。同时，在资源的使用方式上，正由单纯的计划调节走向计划与市场两种方式手段的有机结合。从1986 年颁布的《关于职业中学经费问题的补充规定》中可知地方教育事业费预算和各级人民政府的地方支出指标中应列出职业教育经费，这一规定为农村职业教育经费的稳定投入提供了制度保障。随着职业教育管理体制的不断完善，地方政府在职业教育中的角色也逐步明确。1991 年国务院发布了《关于大力发展职业教育的决定》（以下简称《决定》），这一《决定》进一步明确职业教育管理体制大框架为"中央领导，分级管理，地方为主"。这一框架的确立，使得地方政府在职业教育经费投入和管理中的主体地位更加突出，也为农村职业教育的发展提供了更加有力的组织保障。

表 4 - 2　1979—1992 年农村职业教育经费投入政策及主要内容

时间	政策名称	主要内容
1985 年	《中共中央关于教育体制改革的决定》	调整中等教育结构，大力发展职业技术教育；发展职业教育要以中等职业技术教育为重点，发挥中等专业学校的骨干作用；发展职业技术教育要充分调动企事业单位和业务部门的积极性，并且鼓励集体、个人和其他社会力量办学
1986 年	《关于职业中学经费问题的补充规定》	地方教育事业费预算和各级人民政府的地方支出指标中应列出职业教育经费
1991 年	《关于大力发展职业教育的决定》	各级政府及中央有关部门要对职业技术教育分工负责；发展职业技术教育主要责任在地方，关键在市、县

4.1.3　第三阶段：1993 年至 2017 年

1993 年至 2017 年，随着经济的快速增长和市场化改革的深入，农村职业教育经费投入也呈现出新的特点和趋势。这一阶段，政府通过一系列政策文件的颁布和实施，逐步构建起了适应社会主义市场经济体制的农村职业教育经费投入机制（表4-3）。在这一时期，政府首先明确了农村职业教育经费来源的多元化策略。1993年颁布了《中国教育改革和发展纲要》，提出"逐步建立以国家财政拨款为主，辅之以征收用于教育的税费等多渠道筹措教育经费的体制"，确立了教育经费渠道主要为国家财政拨款，辅之税、费、产、社、基。随着社会主义市场经济的发展，从1994年起我国财政管理体制开始实行分税制，这也加快了中职教育投资体制的改革步伐。这一改革不仅调整了中央与地方之间的财政关系，也对农村职业教育经费的投入和管理产生了深远影响。分税制改革使得地方政府在职业教育经费的投入上拥有了更大的自主权和灵活性，同时也使得经费来源更加多样化和市场化。在这一阶段，政府还通过立法手段来保障农村职业教育经费的投入。在1996年实施的《中华人民共和国职业教育法》中提到"国家鼓励通过多种渠道依法筹集发展职业教育的资金"，这再次强调了地方及社会共同参与举办职业教育的重要性。1998年实施的《关于加快中西部地区职业教育改革与发展的意见》中指出有关的金融机构可以针对不同承受能力的中西部地区职业学校调整职业教育专项贷款额度；地方政府要逐步增加职业教育专款数额，并且提到有条件的地区可以根据当地具体情况，有的放矢地设立职业教育基金。2002年《国务院关于大力推进职业教育改革与发展的决定》中提到中央财政增加职业教育专项经费，各级人民政府要加大对职业教育经费的投入，省级人民政府要制定本地区职业学校生均经费的标准。2004年《教育部财政部关于推进职业教育若干工作意见》中对职业教育实训基地建设资金的筹集作出规定，可以采取参股、合资、合作等多种方式、渠道。2005年《国务院关于大力发展职业教育的决定》中提到要逐步增加财政对职业教育的投入，从2006年起城市教育费附加安排用于职业教育的比例，一般地区不得低于20%，在完全普及了义务教育的地区用于职业教育的比例不能低于30%。

2010年《国家中长期教育改革发展规划纲要（2010—2020年）》中要求对教育财政拨款的增长速度要明显高于财政经常性收入的增长速度，不断提高各级学校生均经费的基本标准和生均财政拨款的基本标准。2014年《国务院关于加快发展现代职业教育决定》中鼓励支持各类办学主体举办民办职业教育，探索发展股份制等其他形式兴办职业教育。2017年《贯彻落实〈职业教育东西协作行动计划（2016—2020年）〉实施方案》

中提出采取以奖代补的方式对现代职业教育予以经费支持。这一阶段，地方财政通过保障中等职业教育经费投入，使得地方政府对中等职业教育的投入不断加大，职业教育经费保障制度正在不断完善，职业教育新的培养模式正在建立，我国职业教育发展的水平正在不断提高，为农村职业教育的发展提供了有力保障。

表 4-3　1993—2017 年农村职业教育经费投入政策及主要内容

时间	政策名称	主要内容
1993 年	《中国教育改革和发展纲要》	逐步建立以国家财政拨款为主。辅之以征收用于教育的税费、收取非义务教育阶段学生学杂费、校办产业收入。社会捐资集资和设立教育基金等多渠道筹措教育经费的体制
1996 年	《中华人民共和国职业教育法》	国家鼓励通过多种渠道依法筹集发展职业教育的资金
1998 年	《关于加快中西部地区职业教育改革与发展的意见》	有关的金融机构可以根据中西部地区职业学校的承受能力增加职业教育专项贷款额度；地方政府要逐步增加职业教育专款数额，并且提到有条件的地区可以根据实际情况，研究设立职业教育基金
2002 年	《国务院关于大力推进职业教育改革与发展的决定》	中央财政增加职业教育专项经费，各级人民政府要加大对职业教育经费的投入，省级人民政府要制定本地区职业学校生均经费的标准
2004 年	《教育部财政部关于推进职业教育若干工作意见》	在职业教育实训基地建设资金的筹集上作出规定，可以采取参股、合资、合作等多种方式、渠道
2005 年	《国务院关于大力发展职业教育的决定》	逐步增加财政对职业教育的投入，从 2006 年起城市教育费附加安排用于职业教育的比例，一般地区不得低于 20%，已经普及九年义务教育的地区不低于 30%
2010 年	《国家中长期教育改革发展规划纲要（2010—2020 年）》	教育财政拨款增长明显高于财政经常性收入增长，提高区域内各级学校学生人均经费基本标准和学生人均财政拨款基本标准
2014 年	《国务院关于加快发展现代职业教育的决定》	鼓励支持各类办学主体举办民办职业教育，探索发展股份制、混合所有制职业院校，鼓励社会力量捐资、出资兴办职业教育
2017 年	《贯彻落实〈职业教育东西协作行动计划（2016—2020 年）〉实施方案》	采取以奖代补的方式对现代职业教育予以经费支持

4.1.4 第四阶段：2018 年至今

2018 年，步入社会主义新时代以来，我国农村职业教育经费投入机制迎来了新的发展阶段。这一阶段的经费投入，不仅体现了国家对农村职业教育的高度重视，也反映了我国财政体制和教育改革的进一步深化。从政策层面来看，国家出台了一系列法律法规和文件，为农村职业教育经费的投入提供了有力保障（表 4 - 4）。2019 年《国家职业教育改革实施方案》鼓励和支持社会力量捐资、出资兴办职业教育；进一步扩大职业院校助学金覆盖面。这一政策的实施，不仅拓宽了农村职业教育经费的来源渠道，也激发了社会各界参与职业教育办学的积极性。在 2019 年《中华人民共和国职业教育法修订草案（征求意见稿）》中，鼓励通过多渠道依法筹集发展职业教育的资金，各级人民政府应建立合适的财政投入制度。职业学校的创办方应该按时、足额保障职业学校的经费，不断改善办学条件。这一规定从法律层面为农村职业教育经费的投入提供了坚实保障。2020 年《职业教育提质培优行动计划（2020—2023 年）》中提出完善职业教育财政支持机制，新增加的教育经费要向职业教育倾斜，逐步建立合适的财政投入制度；鼓励和支持社会力量开展职业教育，拓宽职业教育的经费来源。这一阶段政府大力支持社会主体参与职业教育办学，强调终身学习和高质量发展。未来，随着国家对职业教育的重视程度不断提高，农村职业教育经费投入机制还将继续完善和发展。

表 4 - 4　2018—2021 年农村职业教育经费投入政策及主要内容

时间	政策名称	主要内容
2019 年	《国家职业教育改革实施方案》	地方政府要按规定制定并落实职业院校生均经费标准或公用经费标准，鼓励社会力量捐资、出资兴办职业教育；进一步扩大职业院校助学金覆盖面
2019 年	《中华人民共和国职业教育法修订草案（征求意见稿）》	鼓励通过多渠道依法筹集发展职业教育的资金，各级人民政府应建立合适的财政投入制度，从而提高资金使用效益。职业学校举办者应当按时、足额拨付经费，不断改善办学条件
2020 年	《职业教育提质培优行动计划（2020—2023 年）》	完善职业教育财政支持机制，新增教育经费要向职业教育倾斜，逐步建立合适的财政投入制度；鼓励社会力量兴办职业教育，拓宽经费来源

4.2　我国农村职业教育财政投入保障机制的现实困境

4.2.1　农村职业教育经费规模不足且增长缓慢

我国农村职业教育发展较早，但基础较为薄弱。近几年，我国财政对农村职业教育经费投入总量虽有所增加，但占教育总经费投入比重并未有明显提高。且农村职业教育生均经费明显低于普通高等教育，水平偏低（表4-5）。这一现象的形成来源于我国的高等教育大众化的影响，许多人将中等职业教育看做是"二流教育"，受到传统观念的影响，社会各界对中等职业教育价值的认识缺失，对农村职业教育的认可度偏低，这在一定程度上会降低财政在中等职业教育方面的投入力度，最终影响中等职业教育的发展。

表 4-5　2016—2020 年各类学校生均教育经费支出比较

单位：元

年份	普通高等学校	中等职业学校	差额
2016	30 457	16 985	13 472
2017	33 481	18 364	15 117
2018	36 294	19 742	16 552
2019	38 681	21 203	17 478
2020	37 241	22 568	14 673

4.2.2　高素质农民培训体系尚待加强

在乡村振兴背景下，培养高素质农民成为促进城乡融合发展，提高农民收入的一个重要途径。《全国高素质农民发展指数》显示，2020 年全国高素质农民发展指数为 0.48，与 2019 年矫正结果相比提高 0.81%，这表明我国高素质农民的发展势头良好，但是在培养高素质农民方面仍存在一定问题。如培训方式简单、单一，没有充分利用有效资源；农民对相关培训的重要性认识不到位，因此接受培训的主动性和积极性不高；目前对高素质农民的培训体系不完善，没有将合作培养的效果完全释放出来。

4.2.3　监督评价机制尚存不足

近年来，国家加大了对农村职业教育方面的投入，但是从经费拨付到使用，整个财政资金运用全过程缺少监督评价机制。一方面，长久以来我国教育财政决策基本属于"官员决策"，管理者权力过大，部分地方存在经费监督缺位问题，缺少监督意识；另一方面，我国对财政教育经费管理的监督力度较小，监管的法律法规体系不完善，对现行法律法规的执行不彻底的问题导致个别区县和学校出现套取国家教育经费的现象。目前我国农村职业教育财政投入在监督评价的保障机制上存在没有完善的监督评价指标体系、监督评价主体单一等的问题。仍然缺乏科学、客观、全面的评价标准和方法。

4.2.4　农村职业教育贫困学生资助制度还不够完善

实现教育的公平是践行社会主义核心价值观、保障社会公平、维护社会和谐稳定的重要内容，同时也能够推进社会经济增长方式改变、缓解城乡收入差距扩大、实现国家长治久安的本质要求，是新形势下帮助农村剩余劳动力转移、城乡扶贫助困和扩大就业，构建新型城乡关系的有效途径，更是提升教育有效需求，提高城乡人力资源素质的一项重大举措。

我国在原有的政策基础之上不断完善对贫困学生的资助政策体系。在中等职业教育阶段，对学生的资助政策是对学生进行减免学费和住宿费补助，为学生提供助学金，并且还为学生提供顶岗实习的机会。但在具体操作实施过程中还存在一些问题，其中包括资助的对象和类型、资助的额度和项目、关于贫困生条件的界定、贷款的偿还机制和违约处罚方面的完善等问题。

4.3　小结

本章系统梳理了新中国成立以来我国农村职业教育财政投入保障机制的历史演进过程，每一阶段都呈现出不同的特点和趋势。在 1949 年至 1978 年，农村职业教育经费主要依赖于国家财政拨款，学校缺乏自主权和灵活性，资源配置效率较低。1979 年至 1992 年，职业教育财政投资体制逐步调整，地方政府在职业教育经费投入中的自主权和责任得到增强，经费来源也逐步多元化，有效缓解了政府财政压力。1993 年至 2017 年，农村职业教育经费投入机制得到了进一步完善。政府通过立法手段保障经费投入，鼓励地方及社会各界共同参与，职业教育经费保障制度逐步建立健全。这一时期，农村职业教育经费的投入呈现出稳步增长的趋势，为职业教育的发展提供了有力保障。2018 年至今，农村职业教育经费投入机制迎来了新的发展机遇。国家出台了一系列法律法规和文件，为经费的投入提供了坚实的政策保障。政府鼓励和支持社会力量参与职业教育办学，拓宽经费来源渠道，同时加强经费使用监管，提高使用效益。展望未来，随着国家对职业教育重视程度的不断提高，农村职业教育经费投入机制还将继续完善和发展。政府将加大投入力度，优化经费分配结构，提高职业教育质量和效益。同时，也期待更多社会力量积极参与，共同推动我国农村职业教育迈向更高水平，为乡村振兴和社会主义现代化建设提供有力的人才支撑。

本章深入剖析了我国农村职业教育财政投入保障机制面临的现实困境。首先，农村职业教育经费规模不足且增长缓慢，相较于高等教育，其生均经费明显偏低，影响了农村职业教育的健康发展。其次，高素质农民培训体系尚待加强，培训方式单一、农民参与积极性不高以及培训体系不完善等问题制约了农民素质的提升。再次，监督评价机制存在不足，缺乏完善的监督评价指标体系和多元的评价主体，导致经费使用效益难以得到有效保障。最后，农村职业教育贫困学生资助制度仍需完善，资助政策的实施中还存在一些操作层面的问题。这些困境不仅影响了农村职业教育的质量和效益，也制约了农村经济的发展和乡村振兴战略的推进。因此，亟待加大财政投入力度，完善投入保障机制，以推动农村职业教育的健康发展，为乡村振兴提供有力的人才支撑。

第5章 | 国外农村职业教育财政投入比较研究

5.1 国外农村职业教育财政投入研究

5.1.1 关于澳大利亚农村职业教育财政性经费投入的研究

澳大利亚政府对农村职业教育十分重视，一方面注重保障农村职业教育获得足够的资金投入；另一方面通过减免学生学费等多种方式来减轻学生的经济压力。在澳大利亚，职业教育80%的经费由财政投入，当然因为面临一些经费不足的问题，职业院校也吸收企业和个人的投资。为了促进财政投入的大笔资金得到有效发挥，澳大利亚政府同多数发达国家一样，采取一种先进的职业教育经费拨付标准：即将财政需要对学校拨付投入的职业教育经费金额与学校实际的学生数量相挂钩。财政对职业院校实际拨付的经费金额主要由在校生人数、各专业所授课课时以及政府政策规定的必须授予的课时标准等来决定，如果学校在收到政府教育经费以后没有按照政府的规定要求执行，那么政府就要求学校在下一年度退还相应的教育经费。

澳大利亚政府在职业教育上的投资一直呈现出快速增长的趋势，联邦政府和州政府对职业教育的投入是可观的（张美、王克涛，2017）。同时，在20世纪80年代末至20世纪末期间，澳大利亚走向了以市场为导向、以需求为主导的教育和培训体系，要快于大多数的OECD国家，并建立了开放的、竞争性的、多元化的、以市场为导向的培训部门（张阿贝，2021）。

5.1.2 关于美国农村职业教育财政性经费投入的研究

美国的职业教育投入经费由联邦政府、州及地方政府加以保障。当州和地方政府的经费短缺时，联邦政府会采取经费划拨等措施，以提供必要的支持，确保职业教育的正常运行（贾旻、韩阳阳，2022）。根据 2022 年美国的财年预算，2022—2023 年，联邦政府支出中的帕金斯基本州的补助金 4 500 万美元，总资金达到 13.8 亿美元（黄巨臣，2022）。2015 年，奥巴马政府启动了一项重要的教育政策——社区学院免学费计划。这项计划使得学生不仅能在短时间内完成学业，同时还能获得免费的技能培训（李淑君、胡彰，2020）。美国的农村职业教育具有多元化的办学主体，不仅只有联邦教育部、州政府为农村职业教育提供支持，联邦农业部以及农业相关的企业等都会组织参与农村的职业教育。在近几十年，美国仍不断颁布相关的法规支持农村职业教育的发展，如在 2018 年《农业提升法案》中，重点提及了对农业的研发与教育，并提出要提高对农业教育、职业培训等的资金投入（饶斌、谢勇旗，2023）。

5.1.3　关于日本农村职业教育财政性经费投入的研究

日本非常重视对教育和人力资本的投资，尤其重视农业教育。在 2017 年，日本政府对乡村教育的人工智能预算大约是 2016 年的九倍（方旭、开文慧，2024）。即使在自然条件和历史条件落后的情况下，日本的教育仍然得到快速的发展。日本曾长期盛行"教育投资论"的观点，在这一思想指导下，不论是日本政府还是个人与企业都加大对教育的投资，教育投资增速比同期国内生产总值和国民收入的增速都高。在 2008—2013 年，日本的教育经费总额占国民总收入的比重保持在较高水平，约占国民收入的 6%（王彦军、刘强，2020）。对农村职业教育的大力投入是支撑日本农村职业教育快速、健康发展的最有效的资金保障（刘颖，2015）。虽然日本政府并未明确说明其在农村职业教育中的具体投入情况，但是各方面的相关支出已经渗透到了农村职业教育当中（费娜、魏红，2018）。日本政府所采取的扶持政策主要包括价格扶持、农业补贴、政府提供的各项服务以及优惠信贷等。例如，政府为农业学校的运营提供经费支持，确保农村职业教育的稳定发展；针对"认定农业者"，政府提供低息贷款，以减轻其经济负担；对于投身农业的青年，政府不仅提供融资优惠，还发放一次性务农补助金，旨在鼓励更多年轻人参与农业生产，促进农业的长足发展（李毅、龚丁，2016）。

5.1.4 其他发达国家关于农村职业教育财政性经费投入的研究

法律在法国、德国等发达国家职业教育经费筹措过程中发挥着非常重要的作用，主要体现为法律对职业教育经费筹措的引导、保障和促进作用（王平风、张良清，2009）。英国政府对农村职业教育高度重视，有专门的法规和相应的培训计划以及专门的培训机构支持农村职业教育的发展，所以英国的财政资金投入职业教育中的比重较大，能达到75%（陈锦梅，2008）。韩国支持和引导农村青年参加职业教育，大力兴办农村职业教育，扩大资金投入（陈万华、严权，2008）。

通过对各国农村职业教育研究，可以为我国农村职业教育财政投入保障机制提供宝贵的借鉴和参考。但是前人的研究大多属于定性研究，从生均经费等内容进行定量研究很少，因此本文依据 OECD 的统计数据进行量化比较分析，具有一定的理论意义和实际价值。

5.2 国内外中等职业教育财政经费比较

通过分析国外典型国家在农村职业教育财政性经费投入的主要做法发现：发达国家农村职业教育经费投入在数量和质量上都要求较高，我国与国外典型国家相比，还存在一些距离。本章通过对比 2009 至 2013 年 OECD 数据，借鉴各个典型国家的先进经验，最终得到发展我国农村职业教育经费投入可资借鉴的经验。

本文采用王凤羽（2016）的比较方法，采用国际上对职业教育的统一层次分类标准，根据《国际教育分类标准》（ISCED1997）将我国中等职业教育分类为 ISCED3 层次，以保证研究比较的口径一致。本章选取生均教育经费作为国际比较定量分析的变量指标。生均经费就是经费总量与学生总数的比值，这一指标避免了单纯使用经费总量比较的缺点，而用相对总量，即年度用经费总量与学生总量的比值来比较分析，更具有科学性。

通过表5-1和表5-2对2009—2013年各国和重庆市职业教育生均教育经费的分析，可以发现世界各国职业教育的生均经费差距很大，排名靠前的是发达国家，而排名靠后的几乎都是发展中国家。发展中国家的生均

表 5-1　2009—2013 年 OECD 及伙伴国家 ISCED3 层次生均教育经费

单位：美元

国家	2009			2010			2011			2012			2013		
	AP	GP	VP	AP	GP	VP	AP	GP	VP	AP	GP	VP	AP	GP	VP
澳大利亚	9 916	11 299	6 657	9 966	11 364	6 723	9 859	11 337	6 727	9 076	11 272	6 378	10 203	12 113	6 631
奥地利	12 737	12 387	12 852	12 390	12 154	12 472	13 666	12 668	14 022	13 416	13 018	13 645	15 255	13 260	16 554
比利时	10 775	10 775	10 775	11 004	11 004	11 004	11 732	11 732	11 732	12 210	12 958	11 720	13 020	13 158	12 927
加拿大	10 340	10 340	10 340	11 317	11 317	11 317	11 607	11 607	11 607	11 695	11 695	11 695	12 086	12 086	12 086
智利	2 892	2 842	2 992	3 119	3 036	3 286	4 496	3 840	5 900	4 244	4 264	4 199	4 141	4 128	4 171
捷克	6 293	5 512	6 579	6 244	5 380	6 563	6 886	5 867	7 264	7 012	5 958	7 392	7 682	6 560	8 073
丹麦	10 994	10 994	10 994	11 914	11 914	11 914	10 908	10 908	10 908	9 959	9 959	9 959	10 165	10 165	10 165
爱沙尼亚	6 754	6 922	6 433	6 834	6 586	7 284	6 688	6 153	7 651	7 101	6 800	7 436	5 909	4 778	7 987
芬兰	7 739	6 823	8 112	7 912	6 895	8 317	8 467	7 407	8 887	8 599	7 628	8 978	8 786	7 788	9 172
法国	12 809	12 443	13 373	12 874	12 558	13 359	13 071	12 735	13 587	12 962	12 962	12 962	13 643	13 120	14 504
德国	11 287	9 171	13 028	0	0	0	12 022	9 975	13 995	12 009	10 433	13 073	13 093	10 854	15 343
希腊	0	0	0	0	0	0	0	0	0	0	0	0	0	0	0
匈牙利	4 181	4 251	3 088	4 459	4 953	3 154	4 455	4 989	3 094	4 310	4 346	4 245	4 439	4 513	4 233
冰岛	7 934	7 934	7 934	7 014	7 014	7 014	7 461	7 461	7 461	7 648	6 484	10 174	7 743	6 548	10 458
爱尔兰	12 731	12 731	12 731	11 265	11 265	11 265	11 576	11 576	11 576	12 098	12 098	12 098	10 840	10 840	0
以色列	5 842	5 842	5 842	5 616	5 616	5 616	5 712	4 128	13 905	5 630	4 525	10 692	5 831	5 067	8 727
意大利	9 076	9 076	9 076	8 646	8 646	8 646	8 519	8 519	8 519	8 684	8 684	8 684	9 174	9 174	9 174
日本	9 527	9 527	9 527	10 064	10 064	10 064	10 093	10 093	10 093	10 360	10 360	10 360	10 459	10 459	10 459

（续）

国家	2009			2010			2011			2012			2013		
	AP	GP	VP	AP	GP	VP	AP	GP	VP	AP	GP	VP	AP	GP	VP
韩国	11 300	11 300	11 309	9 477	9 477	9 477	9 698	9 698	9 698	9 651	9 651	9 651	9 801	9 801	9 801
卢森堡	19 443	18 536	20 057	17 813	15 614	19 278	16 238	16 701	15 942	20 265	18 791	21 230	19 473	20 742	18 571
墨西哥	3 534	3 486	4 004	3 617	3 580	3 993	4 034	3 986	4 522	4 160	3 751	4 788	4 126	4 669	3 273
荷兰	11 889	9 765	12 860	11 750	9 957	12 585	12 171	10 028	13 167	12 366	10 211	13 357	12 200	10 244	13 118
新西兰	8 670	7 940	10 764	9 007	8 637	10 196	10 023	9 747	11 033	10 169	9 987	10 501	11 328	10 709	13 152
挪威	14 983	14 983	14 893	14 845	14 845	14 845	14 838	14 838	14 838	15 248	15 248	15 248	16 153	16 153	16 153
波兰	5 159	4 974	5 327	5 530	5 709	5 376	5 764	5 709	5 376	6 899	6 005	7 580	6 178	5 381	6 865
葡萄牙	9 015	9 015	9 015	9 327	9 327	9 327	9 139	9 139	9 139	8 888	8 888	8 888	10 503	10 503	10 503
斯洛伐克	4 578	3 833	4 937	4 501	3 661	4 895	4 783	3 803	5 245	5 027	3 920	5 552	5 839	4 693	6 464
斯洛文尼亚	7 409	7 409	7 409	7 472	7 472	7 472	7 724	7 724	7 724	6 898	10 838	4 615	7 872	8 832	7 342
西班牙	11 265	11 265	11 265	10 306	10 306	10 306	10 090	10 090	10 090	9 145	8 460	10 567	8 729	8 348	9 467
瑞典	10 375	10 599	10 221	10 497	10 664	10 381	11 022	10 771	11 208	10 944	9 219	12 625	11 389	8 949	14 126
瑞士	17 013	12 188	19 900	15 595	12 696	17 191	16 521	16 035	16 730	17 024	15 843	8 494	18 479	17 530	18 855
土耳其	0	0	0	2 470	2 291	2 685	3 239	3 292	3 181	3 524	3 380	3 676	3 914	3 580	4 217
英国	10 013	10 013	10 013	10 452	10 452	10 452	9 649	9 649	9 649	9 963	11 951	6 665	11 627	13 022	9 041
美国	12 873	12 873	0	13 045	13 045	0	13 143	13 143	0	13 059	13 059	13 059	13 587	13 587	13 587
OECD平均值	9 755	8 410	9 534	9 322	7 984	8 690	9 506	8 613	9 307	9 704	8 698	9 025	9 990	9 066	9 955
阿根廷	4 307	4 307	4 307	4 202	4 202	4 202	3 182	3 182	3 182	9 704	0	3 182	5 608	0	0
巴西	1 763	1 763	1 763	2 148	2 148	2 148	2 605	2 605	2 605	3 078	3 078	3 078	3 852	3 852	3 852

（续）

国家	2009			2010			2011			2012			2013		
	AP	GP	VP	AP	GP	VP	AP	GP	VP	AP	GP	VP	AP	GP	VP
哥伦比亚				0	0	0	2 326	2 326	2 326	2 742	2 742	2 742	3 117	3 117	3 117
印度	0	0	0	0	0	0	0	0	0	0	0	0	0	0	0
印度尼西亚	374	472	232	0	0	0	617	853	307	1 067	1 449	579	1 070	1 453	581
拉脱维亚							4 983	5 241	4 599	3 705	3 696	3 717	6 005	6 280	5 608
俄罗斯	0	0	0	4 100	4 100	4 100	4 470	4 470	4 470	5 345	5 445	4 481	5 100	5 236	3 923
沙特阿拉伯	0	0	0	0	0	0	0	0	0	0	0	0	0	0	0
南非	1 872	1 872	1 872	0	0	0	4 343	4 343	4 343	4 343	4 343	4 343	2 366	2 366	2 366

数据来源：Education at a Glance2012, 2013, 2014, 2015, 2016；OECD Indicators.

注：AP 表示所有教育，GP 表示普通教育，VP 表示职前或职业教育。表中的"0"主要有以下五层含义：其一，数据不可获得；其二，由于数据不适合而导致数据很小可以忽略不计；其三，数据被所在的国家要求收回；其四，数据观测量较小，数据测量不可靠；其五，提供数据不可靠。

表 5 - 2 2009—2013 年重庆 ISCED3 层次职业教育生均教育经费经费换算

重庆	2009			2010			2011			2012			2013		
	AP	GP	VP	AP	GP	VP	AP	GP	VP	AP	GP	VP	AP	GP	VP
CNY	5 450.99	4 584.20	6 317.77	6 044.86	5 485.39	6 604.33	7 028.88	6 709.93	7 347.82	7 312.14	5 906.99	8 717.28	9 662.75	9 513.3	9 812.19
PPP	3.225			3.333			3.506			3.583			3.633		
USD	1 690.23	1 421.46	1 959	1 813.64	1 645.78	1 981.5	2 004.81	1 913.84	2 095.78	2 040.78	1 648.64	2 432.96	2 659.72	2 618.58	2 700.85

数据来源：中国教育经费统计年鉴（2008—2013）按 GDP 购买力平价换算成美元；International Monetary Fund, World Economic Outlook Database, April 2010。

注：购买力平价（PPP）是指 1 美元兑换多少人民币，本文选择购买力平价 2009 年为 3.225，2010 年为 3.333，2011 年为 3.506，2012 年为 3.583，2013 年为 3.633。AP 表示所有教育，GP 表示普通教育，VP 表示职前或职业教育。

经费的绝对数提高幅度相对较大，特别是重庆 2012—2013 年相对数增长率也得到了提升，说明发展中国家比较重视农村职业教育，加快了农村职业教育发展的步伐。然而，有一些发达国家职业教育的生均经费提高幅度不明显，处于相对稳定发展水平。重庆农村职业教育的生均经费在这五年中均低于 OECD 平均数，说明重庆农村职业教育财政投入整体处于低水平；但随着时间的推移可以看到重庆 ISCED3 层次职业教育生均教育经费有所提高，与 OECD 平均数差距在逐渐缩短。

5.3 国外农村职业教育财政投入经验借鉴

5.3.1 提高职业教育生均教育经费

职业教育生均教育经费是衡量国家对职业教育重视程度的关键指标。大部分发达国家在这一方面表现突出，其职业教育生均经费普遍较高，并呈现出递增趋势。这表明这些国家正不断增强对农村职业教育的重视程度，并在努力协调经济增长与职业教育投入的关系。相反，若生均教育经费出现下降，则可能意味着该国对职业教育的发展有所放缓，农村职业教育与经济增长的协调性相对较弱。因此，我国应加大对农村职业教育的财政投入力度，确保生均教育经费的稳定增长。这不仅有助于提高农村职业教育的质量，还能够更好地满足农村经济发展对人才的需求。

5.3.2 发挥政府与市场机制的双重作用

在职业教育经费的投入上，政府应作为主要的提供者，但也不能忽视市场机制的作用。从国际经验来看，发达国家政府在职业教育经费中的负担比例普遍较高，如澳大利亚政府负担约 80％，英国政府承担 75％左右，美国也超过了 55％。然而，这并不意味着市场机制在职业教育中无所作为。相反，一些国家通过市场化改革，有效地吸引了企业和行业的投资（王陪航、闫志利，2018），从而扩大了职业教育经费的来源（杨仕元、徐婧菲等，2023）。以德国的"双元制"最具有代表性，企业在职业教育中投入比例最大，这也得益于政府采用了较好的政策调节，使职业教育更接近企业实际，有利于经济的发展。在我国，政府应继续加大对农村职业教育的财政投入，同时积极引导和鼓励企业、行业和社会力量参与农村职业教育的建设和发展。通过政策扶持和税收优惠等措施，激发市场机制的活力，形成政府主导、市场参与的多元化投入格局。

5.3.3　立法保障农村职业教育经费投入

国外发达国家的职业教育财政投入历史往往伴随着立法的进程。这些国家依据社会经济发展对职业教育的不同需求，在不同的历史时期制定了相应的法律、法规，以确保职业教育的有效投入。这种立法保障的做法不仅确保了职业教育经费的稳定来源，也为职业教育的持续发展提供了法律保障。相比之下，我国在职业教育立法方面还有待加强。到目前为止，我国仅有一部 1996 年 9 月颁布实施的《中华人民共和国职业教育法》，但其在实施过程中仍面临诸多挑战。因此，我国应进一步完善职业教育法律法规体系，明确各级政府在职业教育投入中的责任和义务，确保农村职业教育经费的稳定增长。

5.3.4　明确农村职业院校的学费标准

在发达国家，职业教育往往通过政府补贴、企业参与等多种途径降低学生的学费负担。这些国家的职业教育经费来源中，学生学杂费所占的比例相对较低。而在我国，职业教育的学生学费负担相对较重，且农村职业教育配套的奖学金和资助项目并不丰富。面对这一现实困境，国家应健全一套全面公正的农村职业教育资助体系，减轻学生的学费负担，促进教育公平和社会公正，为乡村振兴战略输送更多的实用型、技能型人才。

5.4　小结

对国外农村职业教育财政投入的研究，深入探讨了澳大利亚、美国、日本等发达国家在此领域的实践经验。澳大利亚通过财政拨款和学费减免等方式，确保农村职业教育获得充足资金；美国则通过联邦政府、州及地方政府的经费保障，以及多元化的办学主体和持续的政策支持，推动农村职业教育发展；日本则长期重视教育投资，特别是在乡村教育方面的投入，为农村职业教育提供了坚实的资金基础。此外，法国、德国等国的法律在职业教育经费筹措中的重要作用也值得借鉴。这些国家的成功经验为我国农村职业教育财政投入保障机制的完善提供了宝贵的启示。通过比较和分析，我们可以发现，在农村职业教育财政投入方面，需要政府加大投入力度，完善投入机制，同时引导社会多元参与，共同推动农村职业教育的健康发展。

通过对比 2009—2013 年 OECD 数据，分析了国内外中等职业教育财政经费的差异。研究发现，发达国家在农村职业教育财政投入数量和质量上都较高，而我国在生均经费上与 OECD 平均水平仍存在差距。不过，近年来重庆农村职业教育的生均经费正逐步提升，与 OECD 平均数的差距正逐渐缩小。表明我国逐渐重视农村职业教育，并加大了财政投入力度。借鉴发达国家的先进经验，我们应继续完善农村职业教育财政投入保障机制，确保资金的有效利用，以促进农村职业教育的健康发展。

借鉴国外农村职业教育财政投入经验。首先，强调提高职业教育生均教育经费的重要性，确保农村职业教育经费的稳定增长。其次，提出发挥政府与市场机制的双重作用，引导社会多元参与，形成多元化投入格局。同时，强调立法保障农村职业教育经费投入的必要性，完善职业教育法律法规体系。最后，建议明确农村职业院校的学费标准，减轻学生学费负担，促进教育公平。这些经验借鉴对于优化我国农村职业教育财政投入机制、提升农村职业教育质量具有重要意义，有助于推动农村职业教育与经济社会发展的良性互动。

第6章 | 农村职业教育财政投入预算机制实证研究

农村职业教育财政投入的资金主要来源于政府的税收，而税收具有强制性。本章假定税收足够支持农村职业教育财政预算支出，认为农村职业教育财政投入存在最优规模。本章围绕财政对公共产品预算投入最优规模进行经济学分析，即通过最优财政规模的确定预测农村职业教育财政未来投入的预算总量为多少最为适宜。

6.1 最优规模的经济学分析

政府是财政投入的主体，因此政府的财政投入安排要从大局出发，基于社会全部资源宏观配置效率接近帕累托最优或者是达到帕累托最优的角度进行决策。社会资源宏观配置主要是指公共经济和私人经济部门之间的分配和使用。政府肩负着满足社会公共需求的使命，社会对公共物品的需求由政府通过财政投入来完成，财政投入的规模自然要与公共物品的供给量相适应。财政投入要充分考虑资源配置效率，即财政投入的规模效率。

由于研究对象主要是农村职业教育，所以就将财政投入的总量界定在农村职业教育领域内。公共产品最优供给表现为：全体社会人员对公共产品与私有产品消费的边际替代率（MRS）恰好与公共产品与私有产品的边际技术转换率（MRT）相等。

图 6-1 中，横轴假定为公共产品，纵轴假定为私人产品，EF 假定为社会资源约束曲线，U_3、U_2、U_1 为社会无差异曲线，凸向原点的 U_1、U_2、U_3 三条曲线，假设为私人产品与公共产品的全部组合点的集合。A 点为社会总资源约束曲线，与无差异曲线 U_2 相切，这表示社会人员对公共产品与私有产品消费的"双率［边际替代率（MRS）和边际产品转换率（MRT）］"相等，资源配置达到了最优。图 6-2、图 6-3 纵轴表示价

格，横轴表示财政投入规模；图 6-4 纵轴表示价格，横轴代表财政投入或税收规模。当社会资源配置处于最优状态时，政府的财政投入的边际效益（MB）等于边际成本，财政投入的净效益达到最佳。而此时，财政投入所产生的边际正效用恰好可以弥补税收所产生的边际负效用。

公共部门相对私人部门来讲掌握政治权利，处于优势地位，因此社会资源配置能否达到最优点 A，主要取决于公共经济部门，公共部门在确定宏观税收的水平上基本能体现资源在私人部门和公共部门配置的比例。

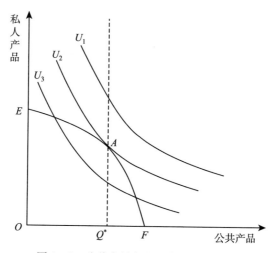

图 6-1 公共产品与私人产品配置最优

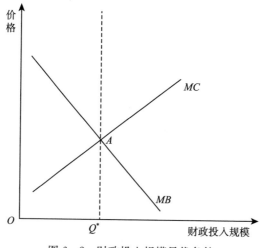

图 6-2 财政投入规模最优条件

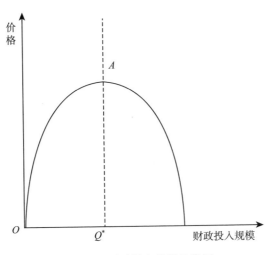

图 6 - 3 财政投入规模最优图

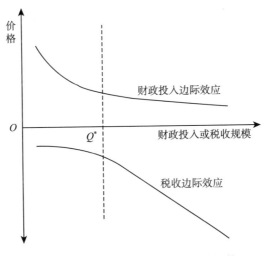

图 6 - 4 财政投入与税收边际效应相等

6.2 农村职业教育财政投入最优规模的构建与预算规模的估算

以索洛为代表的经济增长理论流派认为,政府投入被视为外生变量,并一律判定为消费性支出。资本产品边际效用递减的基本规律表明经济不会持续增长,经济发展趋势必将沿着鞍点稳定路径达到一种稳定状态,而这种稳态的经济增长只与外生不变的技术进步密切相关，在稳态的环境下，财政政策只发挥水平效应的作用。伴随着经济学不断深入地研究，经济学家们逐渐地认识到政府投入所具有的生产性作用。

Kurz 与 Arrow（1970）第一次将公共资本引入生产函数方程。假设 Z_s 表示具有私人产品性质的私人资本存量，Z_g 表示具有纯公共产品性质的公共资本存量，建立的生产函数表示如下：

$$Y(t) = EZ_s^a(t)Z_g^\beta(t)L^{1-\alpha-\beta}(t) \qquad 式（6-1）$$

政府消费性投入对经济主体效用的积极作用也在效用函数中得到了体现，因此，政府消费性投入也不再被看作是外生变量。卢卡斯（1985）、罗默（1986，1987，1990）、巴罗（1990，1992）等将人力资本、开发与研究、技术进步等变量内生化，修正了新古典经济增长生产函数，使生产函数至少达到不变的规模报酬。由于人力资本、开发与研究、技术进步等内生变量所具有的非排他性和非竞争性特点，并在财政政策影响之下，产生了与财政政策相关联的敏感性，进而为政府对宏观经济的调控提供了理论上的指导。

巴罗（1990）把公共部门引入具有不变规模报酬的"EZ"生产函数中，建立了一个以政府投入为中心的内生经济增长模型，并得出一个最优财政投入规模。富塔格米（1993）、Zou 与 SwarooP（1996）、Baier 与 Glomm（2001）在巴罗内生经济增长模型的基础上，把政府资本包含其中，特别是把教育、交通、国防、基础设施等政府投入对经济增长与社会福利的影响纳入"EZ"生产函数中一并考虑。在"EZ"生产函数中还考虑了通过税收购买基础设施来提高其他政府投入的福利效应和政府服务质量。上述相关经济增长模型的本质就是由于市场失灵存在，因而政府就需要提供免费公共产品来干预市场经济，从而会使政府对公共产品的投入可能成为促进经济增长的内生变量。当然，政府不是无限度地干预市场经济，如果超过一定的限度将会阻碍经济的发展。国内学者沈淑霞、秦富（2004）认为农业投入规模还相对较小，应该加大对农业的投入力度，计量的测算应该是财政投入占农业生产总值由 4% 上升至 10% 左右的水平。而对教育的投入普遍认为应该占 GDP 的 4% 左右，但对农村职业教育投入的最优规模还没有定论，理论分析及文献梳理显示这样的最优规模是存在的。

基于此，把农村职业教育的财政投入与农村职业教育对经济增长的贡献联系起来，借鉴国内外学者对内生经济增长模型的研究成果，结合重庆市农村职业教育的实际情况，探寻农村职业教育财政投入最优规模，从而对当前农村职业教育财政投入趋势进行更为理性的分析，为未来农村职业教育最优的预算规模的决策提供较为合理的理论支撑。

6.2.1 内生经济增长与最优财政投入规模模型

巴罗将生产性公共资本引入生产函数模型：

$$Y(t) = EZ_b^a(t)S^\beta(t)L^{1-\alpha-\beta}(t) \qquad \text{式（6-2）}$$

$Y(t)$ 表示公共投入流量，表明在私人投入 Z 和 L 不变的规模报酬前提下，Y 能否提升要素的边际产品是促进经济内生增长的关键。

在现实的经济生产过程中，消费公共产品的人们会变得越来越多，必然会导致一定的拥挤。所以，为了有效研判公共产品如何对经济内生增长产生影响，一定要对巴罗的内生经济增长模型作出修正和拓展，在拉姆齐追求家庭效用最大化的基础上构建拥挤效用最大化的内生经济增长数理计量模型。

假设一个封闭的经济体系构成包括：同质允分竞争性企业、代表性的无限寿命家庭、政府。企业是依照完全竞争条件下的租赁资本和雇佣劳动开展生产经营，并达到最大化的利润；家庭取得消费最大化效用，其前提条件是不考虑闲暇替代劳动；政府为企业与家庭提供公共产品，采用一次性的比例总税负进行财政积累。

(1) 家庭部门

在家庭预算约束下，人均消费 $c(t)$ 产生的最大化效用 $U[c(t)]$ 的贴现量：

$$\max U[c(t)] = \int_0^\infty \left(\frac{c^{1-\phi}-1}{1-\phi}\right) f^{-(i-\eta)t} \mathrm{d}t \qquad \text{式（6-3）}$$

η 表示人口增长率，同时假定初始人口为 1；ϕ 表示不变替代弹性系数；i 表示贴现率。在均衡的劳动力出清市场中，每个家庭可以得到满意的就业数量，在单位时间内每人提供 1 单位的劳动服务，每个成人的工资收入等于 $w(t)$；家庭还可通过资本出租而得到利息收入；所以，家庭所取得的总收入包括两部分：劳动收入、资本利息收入。因此，针对家庭而言，其流量约束可表示为：

$$\dot{z}(t) = w(t) + \mathrm{r}z(t) - \mathrm{c}(t) - \eta z \qquad 式（6-4）$$

家庭初始与边界条件分别为 $z(0)=1$ 与 $\lim\limits_{t \to \infty} z\left\{ \exp\left[-\int_0^t \left[r(v) - \eta \right] \mathrm{d}v \right] \right\} \geqslant$

0，边界条件满足"非篷齐博弈"条件，即家庭不能进行无限借款以至于产生零效用。

（2）企业部门

政府为企业生产提供工商注册、公共交通、法律保障等，企业依据一定的税率 γ 缴纳相关税收；企业生产通过家庭为其提供租赁资本、劳动力。假定企业应用柯布-道格拉斯生产函数安排生产，则生产函数模型为：

$$Y = EZ^\alpha L^{1-\alpha} S^{\beta(1-\alpha)} \qquad 式（6-5）$$

或

$$y = EZ^\alpha S^{\beta(1-\alpha)} \qquad 式（6-6）$$

E 表示资本，S 表示政府财政提供的公共产品数量；y 表示人均产出，Z 表示人均资本，α 表示资本的产出弹性。β 的取值范围为 $1 \geqslant \beta \geqslant 0$，$\beta = 0$ 时，表示公共产品存在完全拥挤现象；当 $1 > \beta > 0$ 时，表示公共产品存在拥挤现象，此时财政为企业提供的公共产品具有部分竞争性；$\beta = 1$，则表示公共产品为纯公共产品，没有拥挤的现象。企业面临的问题主要为在给定的价格序列 $\{\gamma, \phi, \lambda\}$ 下，按照式（6-5）进行生产，并使税后利润达到最大化，即：

$$Y = \max\left[(1-\lambda)E^\alpha L^{1-\alpha} G^{\beta(1-\alpha)} - \gamma L - (\phi+\delta)e \right] \qquad 式（6-7）$$

（3）政府部门

政府部门依据一定的税率 γ 比例向企业征取税收，形成政府筹集的财政资金，然后进行必要的财政投入为企业提供免费的公共产品，即 $S = \lambda Y$，假定财政实行平衡预算政策，把总量生产函数式（6-5）代入，$S = \lambda Y$

可解得

$$S = (\lambda E K^\alpha L^{1-\alpha})^{\frac{1}{1-\beta(1-\alpha)}} \qquad 式（6-8）$$

（4）均衡分权经济

企业与家庭在相同的工资率与利率的条件下，供给与需求达到均衡，代表性家庭债务最后为零。按照企业追求利润最大化及零利润条件，宏观经济均衡形成的最大化问题的解如下：

$$\max U[c(t)] = \int_0^\infty \left(\frac{c^{1-\phi}-1}{1-\phi}\right) f^{-(i-\eta)t} \mathrm{d}t \qquad 式（6-9）$$

其经济资源约束条件为：

$$z(t) = (1-\lambda) f(z,P) - c(t) - (\delta+\eta)z(t) \qquad 式（6-10）$$

边界性条件：

$$\lim_{t\to\infty} z\left\{\exp\left[-\int_0^t [r(v)-\eta]\mathrm{d}v\right]\right\} \geqslant 0 \qquad 式（6-11）$$

为求解最大化问题的经济增长率，建立现值汉密尔顿数学模型：

$$H(c,z,t,P,v) = \int_0^\infty \left(\frac{c^{1-\phi}-1}{1-\phi}\right) f^{-(j-\eta)t} + v[(1-\lambda)Ez(t)^\alpha P^{\beta(1-\alpha)} -$$
$$c(t) - (\delta+\eta)z(t)] \qquad 式（6-12）$$

由一阶条件：$\dfrac{\partial H}{\partial c} = 0$，可得：

$$v[(1-\lambda)\partial z^{\alpha-1}P^{\beta(1-\alpha)} - (\delta+\eta)] = -v \quad 式（6-13）$$

此时横截性条件为：

$$\lim z\left\{\exp\left[-\int_0^t [E\partial z^\alpha P^{\beta(1-\alpha)} - (\eta+\delta)]\mathrm{d}v\right]\right\} = 0 \quad 式（6-14）$$

将 $f^{-(j-\eta)t}c^{-\phi} = v$ 等式的两边取对数，并对时间求导，结果为：

$$-\frac{v}{v} = \phi\frac{c}{c} + (j-\eta) \qquad 式（6-15）$$

根据式（6-13）、式（6-15）及横截性条件

人均消费增长率模型为：

$$r_c = \frac{c}{c} = \frac{\partial(1-\lambda)Ez^{\alpha-1}G^{\beta(1-\alpha)} - (j+\delta)}{\phi} \qquad 式（6-16）$$

将式（6-8）带入上述消费方程得：

$$r_c = \frac{\partial(1-\lambda)}{\phi}E\partial(\lambda EL)^{\frac{\beta(1-\alpha)}{1-\beta(1-\alpha)}} z^{\frac{(1-\alpha)(\beta-1)}{1-\beta(1-\alpha)}} - \frac{j+\delta}{\phi} \quad 式（6-17）$$

从上式可以看出，人均消费增长率随 β 取值范围的变化而产生不同的增长效果：

当 $\beta=1$ 时，财政投入为企业所提供的公共服务属于纯公共产品，此时的人均消费增长率为：

$$r_c = \frac{\partial(1-\lambda)}{\phi}E\partial(\lambda EL)^{\frac{1-\alpha}{\alpha}} - \frac{j+\delta}{\phi} \qquad 式（6-18）$$

本研究借鉴了 Barro（1990）、郭忠孝（2008）的最优财政支出模型和最优财政支农模型，假设最优农村职业教育生产函数为：

$$Y = F(Z, N, S) \qquad 式（6-19）$$

Y 代表农村职业教育对经济增长的贡献，Z 代表农村职业教育资本存量，N 代表教职工人数，S 代表农村职业教育财政投入。

对上述农村职业教育生产函数两边取全微分得到下式：

$$dY = \frac{\partial F}{\partial Z} \times dZ + \frac{\partial F}{\partial N} \times dN + \partial S \times dS \qquad 式（6-20）$$

再对方程两边同时除以 Y，整理得：

$$\frac{dY}{Y} = \frac{\partial F}{\partial Z} \times \frac{dZ}{Y} + \frac{\partial F}{\partial N} \times \frac{dN}{Y} + \frac{\partial F}{\partial S} \times \frac{dS}{Y}$$

$$dY = \alpha \times \frac{dZ}{Z} + \beta \times \frac{dN}{N} + MPS\left(\frac{dS}{S} \times \frac{S}{Y}\right) \qquad 式（6-21）$$

其中，$\alpha = \frac{\partial F}{\partial Z} \times \frac{Z}{Y}$ 为资本存量的产出弹性；$\beta = \frac{\partial F}{\partial N} \times \frac{N}{Y}$ 为劳动力的产出弹性，$MPS = \frac{\partial Y}{\partial S}$ 为政府农村职业教育财政投入的边际产出。α、β、MPS 为待估参数。

基于上述数学模型的分析，政府财政投入可以促进生产效率提高进而促进经济增长率的提升。此外，政府增加财政投入在一定程度上将导致顾客的可支配收入减少，进而会减少消费与投资的资源，最终会导致经济增长速度降低。依据此增彼减经济现象研判，在长期经济发展中，增长率达到最优的财政支出水平是客观存在的。因为财政每提供公共服务或产品 1 个单位，就要使用社会资源 1 个单位，即公共服务或产品的边际成本为 1，而财政支出的边际收益为 MPS，因此，在扭曲性税收不存在的前提下，依据边际收益等于边际成本原则可知，理论上 $MPS = 1$ 就是最优财政投入规模的决定条件。当农村职业教育财政投入规模达到最优时，则有边际产出 $MPS = 1$，即 1 单位财政投入刚好能提供 1 单位的农村职业教育产出。其经济学含义为：当政府财政投入变动 1 元，产出同样变动 1 元时，政府的财政投入达到最优；当产出的增加小于 1 元（$MPS < 1$），表明政府财政投入过度；当产出的增加大于 1 元（$MPS > 1$），表明政府财政投入不足（图 6-5）。

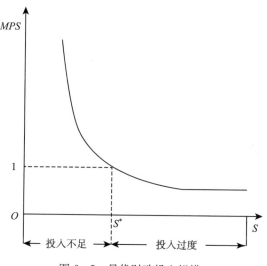

图 6-5 最优财政投入规模

财政投入最优规模：

$$MPS = \frac{\partial F}{\partial S} = \frac{\partial F}{\partial S} \times \frac{S}{Y} \times \frac{Y}{S} = \left(\frac{\partial F}{\partial S} \times \frac{S}{Y}\right) \times \frac{Y}{S} \quad \text{式 (6-22)}$$

$\frac{\partial F}{\partial S} \times \frac{S}{Y}$ 实际上为农村职业教育财政投入的产出弹性，设为 W，S/Y 为农村职业教育财政规模，设为 γ。

所以式（6-22）可以写作：

$$MPS = \frac{W}{\gamma} \quad \text{式 (6-23)}$$

农村职业教育财政支出为最优规模时，此时：$MPS = 1$，$W = \gamma$，将 $W = MPS \times \gamma$ 代入式（6-21）可得：

$$\frac{\mathrm{d}Y}{Y} = \alpha \times \frac{\mathrm{d}Z}{Z} + \beta \times \frac{\mathrm{d}N}{N} + \gamma \times \frac{\mathrm{d}S}{S} \quad \text{式 (6-24)}$$

最后加上 μ 随机误差项，模型转变为：

$$\frac{\mathrm{d}Y}{Y} = \alpha \frac{\mathrm{d}Z}{Z} + \beta \frac{\mathrm{d}N}{N} + \gamma \frac{\mathrm{d}S}{S} + \mu \quad \text{式 (6-25)}$$

Y 的水平量与 Z、N、S 的水平量之间存在稳定的关系，通过差分量仅为水平量前后期的差值可以证明。采取计量分析时拟采用双对数模型，因该模型主要研究各变量弹性间的贡献关系。为了简化模型，忽略技术进步因素。最终计量方程形式为：

$$\ln Y = \alpha\ln Z + \beta\ln N + \gamma\ln S + \mu \qquad 式（6-26）$$

其中，Y代表农村职业教育对经济增长的贡献，Z代表农村职业教育的资本存量，用中等职业学校固定资产的数额来代替；N代表农村职业教育教职工人数；S代表政府农村职业教育财政投入。

6.2.2　数据来源及说明

（1）农村职业教育GDP

主要表示农村职业教育对经济增长的贡献，本研究采用王凤羽（2011）用丹尼森系数法估算的全国农村职业教育对经济增长的贡献水平0.525%，估计重庆农村职业教育对经济增长的贡献。

（2）资本存量

农村职业教育的固定资产主要由财政投入形成，而在统计年鉴也存在相应的数据，因此就用固定资产的年末数据近似代替农村职业教育的资本存量。

（3）教职工人数

代表劳动力总量，因为农村职业教育的劳动者主要是教师、行政工勤人员等。因而用普通中专、职教中心、技工学校的教职工人数之和来计算劳动力总量。

（4）农村职业教育财政投入

主要包括普通中专、职教中心、技工学校财政投入之和。数据全部经过1978年为100的GDP平减指数进行平减。具体数据如表6-1所示。

表6-1　1997—2014年重庆市农村职业教育相关指标主要数据

年份	Y-GDP（千元）	N-教职工人数（人）	S-财政经费（千元）	Z-固定资产（千元）
1997	792 618.750	14 606	46 056.940	227 887.900
1998	841 249.500	12 966	56 738.930	498 809.010
1999	873 180.000	13 694	64 128.890	460 375.040
2000	940 275.000	12 057	73 932.710	1 817 058.200
2001	1 037 851.500	9 443	73 101.510	1 753 517.000
2002	1 172 251.500	7 836	77 980.090	2 788 742.740
2003	1 341 753.000	7 173	70 597.960	1 378 021.250

（续）

年份	Y-GDP（千元）	N-教职工人数（人）	S-财政经费（千元）	Z-固定资产（千元）
2004	1 593 154.500	7 241	74 409.610	2 942 299.750
2005	1 820 553.000	7 100	95 913.880	513 615.700
2006	2 051 295.750	13 664	101 050.740	533 109.870
2007	2 454 968.250	13 101	224 025.820	749 032.940
2008	3 041 671.500	14 756	323 631.250	802 988.240
2009	3 428 255.250	14 199	283 811.810	1 065 031.210
2010	4 160 929.500	14 324	87 948.990	1 080 807.530
2011	5 255 969.250	14 941	405 048.970	1 277 267.730
2012	5 990 040.000	14 960	270 595.120	1 369 182.800
2013	6 711 211.500	15 563	621 437.820	1 402 755.730
2014	7 487 865.000	16 223	703 029.150	1 607 288.030

资料来源：1998—2015 年《中国教育经费统计年鉴》《重庆市统计年鉴》《重庆市教育年鉴》。

6.2.3　神经网络方法的机理与估计

（1）方法介绍

在对时间序列数据的早期分析过程中，主要采取的研究方法为直接回归，主要原因是通过对时间序列数据作了平稳性假设，回避了变量检验时时间序列数据不平稳问题，减少了误差的风险。为了更有效测度农村职业教育财政投入的预算规模，本文选用神经网络方法进行模型测度预算。

1943 年，莫克罗（W. S. McCulloch）和皮特（W. Pitts）运用 MP 模型提出了人工神经网络 ANN 这一概念。霍普费尔德（J. J. Hopfield）在1984 年提出 Hopfield 神经网络模型，为神经网络在优化计算领域打下了坚实的基础。

神经网络的基础理念在于构建多层次、相互连接的神经元结构以实现对复杂数据的学习与表达。每个神经元作为基本计算单元，整合多重输入信号并通过加权求和结合非线性激活函数产生输出响应。神经网络架构包括输入层以接收原始数据，隐藏层用于特征提取和表示学习，以及输出层提供最终预测或决策结果。训练阶段运用反向传播算法，根据实际输出与预期目标间的误差梯度，自下而上地调整各层神经元间的连接权重，旨在最小化预设损失函数，从而实现模型对训练数据的良好拟合。其主要运作过程是信号往前传输，而反向传输的是误差。通过不断反复地把误差返回到输出值来调整神经元的权重，随着这种误差逆传播训练的不断进行，网络对输入模式响应的正确率也将不断提高，从而模拟出一个人工神经网络系统。BP 神经网络同样包含输入层、隐藏层和输出层，只是其中隐藏层的层数和节点数相对较多。BP 神经网络在函数逼近、非线性建模和系统辨识等领域运用较为广泛，并有较强的推广、概括能力和实现非线性映射功能等，受到学者的欢迎。

神经网络模型是根据人类神经系统所模拟出来的一种复杂的非线性网络系统。神经元是神经网络的重要组成部分，神经网络通过调节各神经元之间的相互作用关系，有效地处理这些信息，并提供比传统平稳性检验下的回归分析更为精准的模型分析。神经网络因其学习能力和适应能力强，能够有效地处理和储存各类信息，从而完成输入到输出的映射过程，建立完整的神经系统模型来处理科研领域中较为困难的问题。图 6-6 为人工神经元模型。

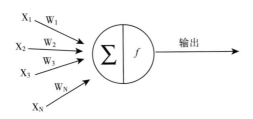

图 6-6　人工神经元模型

多层感知器神经网络（MultipleLayerPerceptron，MLP）是一种前馈神经网络。在多层感知器神经网络中可以包含多个隐层。单层感知器通常是线性传导，但 MLP 神经网络能对线性不可分的数据进行识别和处理，MLP 神经网络相邻节点的边都赋有权重，且可以使用任何形式的可微激活函数对神经元之间的反向传导输出进行处理，实现高效的信息分类问题（图 6-7）。

径向基（RadialBasisFunction，RBF）神经网络又称为局部感受域神经网络，原理是利用径向基函数在高维空间中进行插值运算。径向基函数

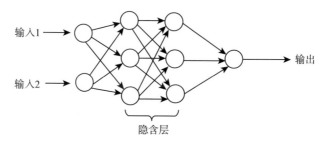

图 6-7　多元神经网络模型

神经网络模型与 BP 神经网络类似，都是一种多层前馈反向传播网络，但径向基神经网络比 BP 神经的作用更加精确，能够克服 BP 网络全局逼近的这一缓慢过程，满足时效性更强的模型需求（图 6-8）。

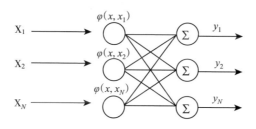

图 6-8　径向基神经网络

径向基神经网络最核心的部分就是隐含层，径向基函数也是在隐含层被激活使用。径向基神经网络分为正则化神经网络和广义神经网络。其中，两者的区别主要在于隐节点和输入样本数间的关系、方差统一性和阈值设置上。径向基神经网络具有学习规则简单、收敛速度快、稳定性和记忆能力强等优点。

（2）基于神经网络模型估计方法与结果

本章运用 Modeler21 软件，依据表 6-1 的具体变量和数据，采用神经网络中多层感知器的方法来测度，运行结果如图 6-9 所示。目标层即因变量，选取农村职业教育对经济增长的贡献 GDP（Y）；所使用的中止规则就是"无法进一步降低误差"，即准确率最高时无法进一步降低误差；隐藏层含有 1 个神经元。

如图 6-10 所示，通过神经网络模型多层感知器的方法来测度，准确程度超过了 75%，达到 76.1%，表明此种方法的测度效果较好。

模型概要

目标	C1
模型	多层感知器
所使用的中止规则	无法进一步降低误差
隐藏层1神经元	1

图 6-9　神经网络模型概要

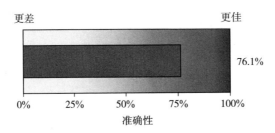

图 6-10　神经网络模型准确程度

　　如图 6-11 所示，预测值与实际值拟合程度较好，X 轴代表实际观测值、Y 轴代表预测值，二者散点图分布 45°线周围，说明观测值和预测值拟合很好。

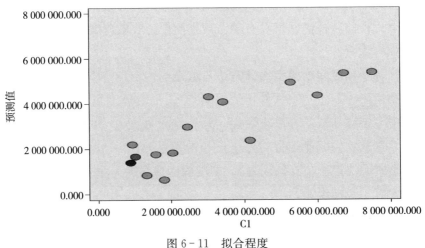

图 6-11　拟合程度

C2 代表教职工人数、C3 代表财政经费、C4 代表固定资产，如图 6 – 12 所示，财政经费对目标值影响程度最大，贡献度超过 50％，其次是教职工人数，贡献度接近 30％；影响最弱的是固定资产，仅仅超过 20％。

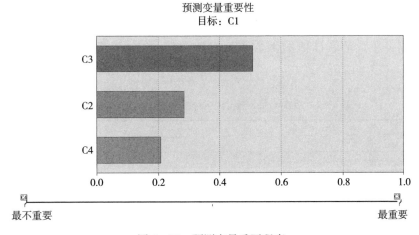

图 6 – 12 预测变量重要程度

用联合权重估计来反映神经网络映射关系，黑色的线条权重为正，灰色线条权重为负，具有 1 个隐藏的神经元以及 1 个偏差修正神经元，如图 6 – 13 构建了最优规模神经网络模型。

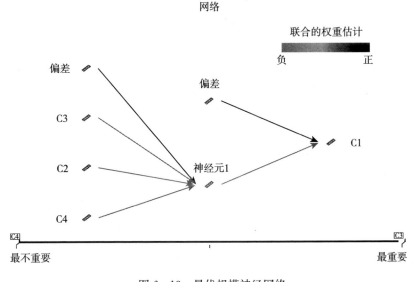

图 6 – 13 最优规模神经网络

6.2.4 基于社会网络模型估计方法与过程

社会网络模型估计方法主要通过三个指标进行衡量：度中心性（度中心性是能够最直接表示节点中心性的指标，节点度的大小表示这个节点的度中心性程度）、接近中心性（接近中心性用一个节点到所有其他节点的最短路径距离的累计值的倒数表示）和中间中心性，评测标准如表 6-2 所示。

表 6-2　度中心性、接近中心性、中间中心性基本测度

主要指标	节点大（小）	节点远（近）	节点大（小）
度中心性	高（低）		
接近中心性		小（大）	
中间中心性			重要（非重要）

此部分，运用 Ucinet16.0 软件，测度度中心性、接近中心性和中间中心性三个重要指标。

(1) 度中心性

$Degree$ 表示度中心性，$NrmDegree$ 表示标准化度中心性，$Share$ 表示 GDP、财政经费、教职工人数、固定资产分别所占的比例，总和为 1。基于因变量农村职业教育对经济增长贡献的视角，其度中心性最大，为 1.582。如果不考虑因变量，只考虑自变量，其度中心性最大的是财政经费，其次是教职工人数和固定资产，与神经网络模型测度的结果基本一致。说明财政经费是整个社会网络的中心节点，其他社会网络节点都关注和依赖这一节点。表 6-3 为度中心性基本测度。

表 6-3　度中心性基本测度

主要指标	1	2	3
	$Degree$	$NrmDegree$	$Share$
Y-GDP	1.582	58.658	0.445
S-财政经费	1.551	57.508	0.436
N-教职工人数	0.743	27.549	0.209
Z-固定资产	−0.320	−11.865	−0.090

度中心性的均值为 0.889，标准化度中心性的均值为 32.963；度中心性的方差和标准差分别为 0.6 和 0.775，标准化度中心性的方差和标准差为 825.389 和 28.73；极值也如表 6-4 所示。内生性为 43.99%，标准化程度为 25.32%。其网络度中心性的程度为 51.39%，表明效果较好。

表 6-4 描述性统计分析

序号		1	2	3
		Degree	*NrmDegree*	*Share*
1	*Mean*	0.889	32.963	0.250
2	*Std Dev*	0.775	28.730	0.218
3	*Sum*	3.556	131.850	1.000
4	*Variance*	14.000	350.000	0.047
5	*SSQ*	5.563	7 647.676	0.440
6	*MCSSQ*	2.401	3 301.558	0.190
7	*Euc Norm*	2.359	87.451	0.663
8	*Minimum*	−0.320	−11.865	−0.090
9	*Maximum*	1.582	58.658	0.445

Network Centralization = 51.39%

Heterogeneity = 43.99%. Normalized = 25.32%

一个节点的节点度越大就意味着这个节点的度中心性越高，该节点在网络中就越重要。从图 6-14 可以看出，财政经费节点度较大，重要性更强。

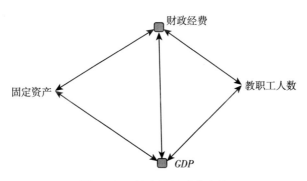

图 6-14 社会网络度中心性

（2）接近中心性

Farness 代表远度，表示数值越大对因变量影响就越小，反之亦然；*nCloseness* 表示接近度，表明数值越大对因变量影响越大，反之亦然；从表 6-5 可以看出财政经费从远（3）、近（100）两个视角表明对 GDP 的影响程度较大，其次是教职工人数和固定资产。

表 6-5　接近中心性的基本测度

主要指标	1	2
	Farness	*nCloseness*
Y-GDP	3	100
S-财政经费	3	100
N-教职工人数	4	75
Z-固定资产	4	75

如表 6-6 所示，远度的均值为 3.5，接近度的均值为 87.5。远度的方差和标准差分别为 0.25 和 0.5；接近度的方差和标准差分别 156.25 和 12.5。远度的极小值和极大值分别是 3 和 4；接近度的极小值与极大值分别是 100 和 75。

表 6-6　描述性统计分析

序号		1	2
		Farness	*nCloseness*
1	*Mean*	3.500	87.500
2	*Std Dev*	0.500	12.500
3	*Sum*	14.000	350.000
4	*Variance*	0.250	156.250
5	*SSQ*	50.000	31 250.000
6	*MCSSQ*	1.000	625.000
7	*Euc Norm*	7.071	176.777
8	*Minimum*	3.000	75.000
9	*Maximum*	4.000	100.000

社会网络中心性的指数为 41.67%，图标越大表明固定资产与教职工

距离两个变量接近程度越低。具体见图 6-15，可以看出，财政经费节点度较大、接近中心性高、重要性强。

Network Centralization = 41.67%

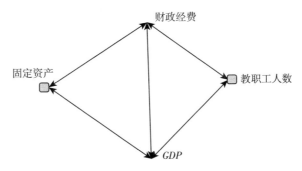

图 6-15 社会网络接近中心性

(3) 中间中心性

如表 6-7 所示，财政经费作为中间的变量的可能性最大，也就是中间中心性最强，其指标为 0.5，标准化了中间中心性指标为 16.667。说明财政经费是一个重要的中介变量，在该社会网络中起着桥梁的重要连接作用。

表 6-7 中间中心性基本测度

主要指标	1	2
	Betweenness	nBetweenness
Y-GDP	0.500	16.667
S-财政经费	0.500	16.667
N-教职工人数	0.000	0.000
Z-固定资产	0.000	0.000

如表 6-8 所示，在中间中心性的指标中，均值为 0.25，标准差为 0.25，方差、极值、平方和、标准化中间中心性的均值、标准差、极值等数据如表 6-8 所示。

基于社会网络中间中心性的指数为 11.11%，财政经费与 GDP 对应的图标越显著表明这两个变量中间程度就越强。可以看出，财政经费节点度较大、中间中心重要性强（图 6-16）。

Network Centralization = 11.11%

表 6-8　描述性统计分析

序号		1	2
		Betweenness	*nBetweenness*
1	*Mean*	0.250	8.333
2	*Std Dev*	0.250	8.333
3	*Sum*	1.000	33.333
4	*Variance*	0.063	69.444
5	*SSQ*	0.500	555.556
6	*MCSSQ*	0.250	277.778
7	*Euc Norm*	0.707	23.570
8	*Minimum*	0.000	0.000
9	*Maximum*	0.500	16.667

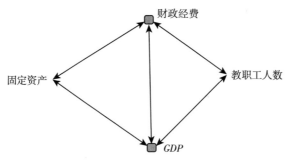

图 6-16　社会网络中间中心性

6.2.5　基于回归分析模型估计方法与过程

通过对表 6-1 数据取对数，利用 EVIEWS7.2 经过单位根及协整检验分析后，以 lnY 为被解释变量，lnS、lnN 为控制变量，lnZ 为解释变量，对该模型进行线性回归，其结果进行整理，得到表 6-9。

表 6-9　重庆市农村职业教育财政投入规模计量模型检验

	解释变量与控制变量			
	C	lnS	lnZ	lnN
系数	2.671	0.743	0.102	0.181
	(0.578 1)	(0.000 1)***	(0.546 9)	(0.682 4)

注：括号中为 P 值，***表示在 1% 的水平下显著。

由表6-9可以看出，回归模型为：

$$\ln Y = 2.670\,494 + 0.742\,656\ln S + 0.102\,324\ln Z + 0.181\,428\ln N$$

$$式（6-27）$$

解释变量 lnS 的系数为 0.742 656，且对应的 $P = 0.000\,1 < 0.05$，在 1% 的水平下显著，所以，该自变量对被解释变量呈正向显著影响，即 lnS 每增加 1 单位，将导致被解释变量 lnY 增加 0.742 656 个单位；控制变量 lnZ 的系数为 0.102 324，且该系数的 $P = 0.546\,9 > 0.05$，说明固定资产水平 lnZ 对被解释变量存在正向不显著影响；控制变量 lnN 的系数为 0.181 428，且该系数的 $P = 0.682\,4 > 0.05$，说明教职工人数 lnN 对被解释变量也存在正向不显著影响。

6.2.6 结果分析

（1）基于多层感知器视角，构建神经网络模型

运用 Modeler 21 软件测度，其准确程度达到 76.1%，发现只有一个神经元，财政经费对因变量影响程度最大，贡献度超过 50%，其次是教职工人数，贡献度接近 30%；影响最弱的是固定资产，仅仅在 20% 左右。由此构建出神经网络模型，提升了测度的精准程度。

（2）基于"三性"视角，构建社会网络模型

不考虑因变量，在度中心性的测度中财政经费的度量值最大，在社会网络节点中最为重要，其次是教职工人数，再次是固定资产，表现在社会网络中：图标越大，就越为重要；在接近中心性的测度中，通过远度与近度来表明自变量重要程度，财政经费在远度维度下数值最小为 3，在近度维度下数值为最大，表明该自变量最为重要，而在其社会网络图标中表现与度中心性相反。在中间中心性测度中，财政经费的指标为 0.5，表明财政经费作为中间变量的可能性最大，在社会网络图形中图标表现为比较显著。

（3）基于回归分析的视角，构建农村职业教育最优预算规模

农村职业教育财政投入弹性约为 0.743，表明农村职业教育财政投入对国民经济生产总值具有明显的促进作用，即对农村职业教育财政投入增加 1%，农村职业教育对国民经济增长的贡献率将增加 74.3%。

依据弹性定义可知，农村职业教育财政投入产生的弹性由两个部分构成，一是财政投入的边际产出。二是农村职业教育的财政投入占农村职业教育对经济增长贡献的比重。

$$\gamma = \frac{\partial F}{\partial S} \times \frac{S}{Y} \qquad\qquad 式（6 - 28）$$

γ 表示弹性，$\frac{\partial F}{\partial S}$ 表示农村职业教育财政投入的边际产出（MPS），S/Y 表示农村职业教育财政投入占农村职业教育对经济增长贡献的比重。

农村职业教育财政投入的平均产出弹性可依据上述回归计量统计分析估算出；农村职业教育财政投入占农村职业教育 GDP 的比重可以利用每年的相关统计数据计算出来。因此，根据上式可以近似地估算出每年农村职业教育财政投入的边际产出 $\partial F/\partial S$，其结果如表 6 - 10 所示。

表 6 - 10 1997—2014 年重庆市农村职业教育财政投入边际产出

单位：千元

年份	Y -农村职业教育GDP	S -财政经费	S/Y	MPS 值
1997	792 618.75	46 056.94	0.058	12.79
1998	841 249.50	56 738.93	0.067	11.02
1999	873 180.00	64 128.89	0.073	10.12
2000	940 275.00	73 932.71	0.079	9.45
2001	1 037 851.50	73 101.51	0.070	10.55
2002	1 172 251.50	77 980.09	0.067	11.17
2003	1 341 753.00	70 597.96	0.053	14.12
2004	1 593 154.50	74 409.61	0.047	15.91
2005	1 820 553.00	95 913.88	0.053	14.10
2006	2 051 295.75	101 050.74	0.049	15.08
2007	2 454 968.25	224 025.82	0.091	8.14
2008	3 041 671.50	323 631.25	0.106	6.98
2009	3 428 255.25	283 811.81	0.083	8.97
2010	4 160 929.50	87 948.99	0.021	35.15
2011	5 255 969.25	405 048.97	0.077	9.64
2012	5 990 040.00	270 595.12	0.045	16.45
2013	6 711 211.50	621 437.82	0.093	8.02
2014	7 487 865.00	703 029.15	0.094	7.91

资料来源：1998—2015 年《中国教育经费统计年鉴》《重庆市统计年鉴》《重庆市教育年鉴》，S/Y、MPS 根据上述相关公式计算而得。

假设农村职业教育财政投入弹性维持在 0.743 的水平，农村职业教育财政投入达到最佳状态时会有 $MPS = 1$ 或者 $\partial F/\partial S = 1$。由于 $MPS = \gamma \times \dfrac{Y}{S}$，农村职业财政投入占农村职业教育 GDP 的比重，也就是 S/Y 为 74.3％。但是，从农村职业教育的财政投入占农村职业教育 GDP 比重的实际数据来看，1997 年仅为 5.81％，2008 年也只有 10.64％，均与最优规模距离较远。可以看出：重庆市农村职业教育财政投入的规模效率是很低的。其主要原因：一是地方政府对农村职业教育财政投入相对中央财政的投入更接地气，产出弹性系数较高导致边际产出高。二是对农村职业教育研究范围的界定，具体包括职业高中、普通中专、技工学校。范围可能相对狭小，在财政经费投入的口径上过小，一定程度上有可能低估农村职业教育财政投入。因而，尽管从估计的结果来看农村职业教育财政投入的规模与最优预算规模差距较大，但实际的差距可能要小于估计的水平。三是农村职业教育属于公共产品，其财政投入是一种政府行为。因此，从这个角度来看评价农村职业教育财政投入规模还要考虑在实际工作中政府对农村职业教育财政投入规模调整的可行性。现实中就是要把往年的农村职业教育财政投入与当年的经济增长等状况作为对农村职业教育财政投入的重要约束条件。

6.2.7 重庆市农村职业教育财政最优预算模型及预算规模估计

(1) 估算模型的设计

依据上述的估计结果，重庆市农村职业教育财政投入达到最优预算规模的状态为：农村职业教育财政投入的边际产出 $MPS = 1$，农村职业教育财政投入占农村职业教育对经济增长贡献的比重为 74.3％。因此，要增加农村职业教育财政投入，促使模型向最优趋近，最终达到最优。同时，由于存在刚性因素的影响，导致了模型的增长路径是持续渐进的。根据 $\gamma = \dfrac{\partial F}{\partial S} \times \dfrac{S}{Y}$，可以求得最优预算模型 $S = \gamma \times \dfrac{Y}{MPS}$。

(2) 基本假设

一是未来农村职业教育财政投入对农村职业教育 GDP 贡献的弹性保持 0.743 不变。依据重庆市第十三个五年计划和相关经济学家的预测，未来重庆市的 GDP 基本会保持 9％的增长速度。因此，假定重庆市未来的经济增长速度为 9%，农村职业教育对经济增长的贡献保持不变，仍然按照上文所提供的数据 0.525% 处理。二是在其他条件不变的情况下，依据规模报酬递减规律，随着农村职业教育财政投入的越来越多，其边际产出会出现越来越少的现象。由于农村职业教育财政投入受到刚性因素的制约，不可能在短时间内达到最优规模，预算规模趋近最优是一个循序渐进的过程。假设需要 15 年达到最佳预算规模。在 2014 年到 2020 年，农村职业教育财政投入的边际产出递减速度为 0.5，2021 年到 2025 年，农村职业教育财政投入的边际产出递减速度为 0.44，2026 年到 2030 年，农村职业教育财政投入的边际产出递减速度为 0.342，直至 2030 年边际产出弹性为 1。

（3）基本原理

本研究的最优预算模型的基本运行原理就是通过调整农村职业教育财政投入的 MPS 值接近于 1 的速度，经过估算求得预测年度的农村职业教育财政投入水平即农村职业教育财政预算水平。边际产出 MPS 趋近 1 的速度可以根据重庆经济发展不同时期水平、政府的教育政策取向、教育政策制定者偏好、财政能力不同阶段水平进行相应的调整和设定。调整与设定的条件不同，农村职业教育财政投入的结果也不一致，但其最终目标都是促使农村职业教育财政资源的配置达到最佳水平。

（4）模型结果

表 6-11 中第五列预算规模的预测值（2015 年到 2030 年农村职业教育财政投入的最佳预算规模）为本研究运用最优农村职业教育财政预算规模取向模型估算出来的。该估算结果考虑到了农村职业教育财政投入的刚性约束条件，也从侧面表明了财政预算的约束条件。具有一定的客观现实性与统计预测的科学性。

表 6-11　重庆市农村职业教育财政投入预算规模预测

单位：亿元

年份	重庆市 GDP 预测值	农村职业教育 GDP 的预测值	MPS 值	预算规模的预测值
2015	15 717.27	82.52	7.41	8.27
2016	17 131.82	89.94	6.91	9.67
2017	18 673.69	98.04	6.41	11.36

（续）

年份	重庆市 *GDP* 预测值	农村职业教育 *GDP* 的预测值	*MPS* 值	预算规模的预测值
2018	20 354.32	106.86	5.91	13.43
2019	22 186.21	116.48	5.41	16.00
2020	24 182.97	126.96	4.91	19.21
2021	26 359.44	138.39	4.47	23.00
2022	28 731.78	150.84	4.03	27.81
2023	31 317.65	164.42	3.59	34.03
2024	34 136.23	179.22	3.15	42.27
2025	37 208.49	195.34	2.71	53.56
2026	40 557.26	212.93	2.37	66.81
2027	44 207.41	232.09	2.03	85.11
2028	48 186.08	252.98	1.69	111.62
2029	52 522.83	275.74	1.34	152.67
2030	57 249.88	300.56	1.00	223.32

本研究最优预算模型估计及最优农村职业教育财政投入取向增长的估算是一个动态过程。政策制定者主观判断与估计值的变化是对模型测算结果产生重要影响的两个根本性因素。前文对于最优规模的估计是利用宏观经验数据，运用计量经济学的方法得到的结论，随着时间的不断变化，新的估计需要不断更新数据。基于这个视角，最优规模的估计和农村职业教育财政投入最优取向增长的估算是一个动态连续的过程。

6.2.8 农村职业教育财政投入最优预算规模的影响因素分析

通过上述的实证分析表明存在最优规模，利用经验数据验证了重庆市农村职业教育财政投入规模较小的事实。为了达到最佳的投入效益就要很好的谋划最佳预算规模，经过分析，影响农村职业教育预算规模的主要因素有经济发展水平、相关政策、法律制度等。

（1）经济发展水平

一个地区的经济发展水平决定了该地区的财政税收水平，也决定了财政预算规模和水平。在我国，由于中、东、西部经济发展水平差异较大，因此在我国不同区域间农村职业教育财政出现了供给失衡问题，地方差异较大（吴军海，2016）。上述实证的结果表明，农村职业教育的财政投入与 GDP 的关系较为密切，特别是以下几个比例对农村职业教育财政预算规模影响至关重要：教育财政占整个财政的比例、职业教育财政占教育财政的比例、农村职业教育财政占职业教育财政的比例。尽管重庆地区这三个比例逐年有所提高，但农村职业教育财政投入的规模还需不断加大。总之，经济发展水平的高低决定税收多少、税收的多少决定财政收入的多寡、财政收入的多寡决定教育财政预算规模的大小、教育财政预算规模的大小决定农村职业教育预算规模大小进而决定农村职业教育财政投入水平。

（2）相关政策

从 2016 年 5 月 1 日起，国家将全面实施营改增政策，其主要目的是促进企业的减负，提高企业的积极性以便创造更大的 GDP。从长远来看，营改增政策有利于促进经济增长，进而影响农村职业财政预算规模和投入水平。但是，从重庆个别县区的调研来看，营改增的显性成果还没有完全呈现。

2007 年出台了为就读于中等职业学校的农村学生每生每年资助 1 500 元助学金；2009 年出台了关于就读中等职业学校的涉农专业免除学费，并逐步实施免费教育，目前中等职业教育基本上全部免除学费；2011 年教育部等九部门《关于加快发展面向农村的职业教育的意见》中指出要加大公共财政对农村、农业职业教育投入；1996 年 5 月 15 日第八届全国人民代表大会常务委员会第十九次会议通过、2022 年 4 月 20 日第十三届全国人民代表大会常务委员会第三十四次会议修订的《中华人民共和国职业教育法》中提到，各级人民政府加大面向农村的职业教育投入，可以将农村科学技术开发、技术推广的经费适当用于农村职业培训。这些政策在一定程度上推进农村职业教育财政规模的扩大，然而相关政策的效果并不十分明显，尚需进一步作相关的评价。

（3）法律制度

美国新制度经济学家诺斯指出：制度通过产生一定的激励机制、形成一定的经济行为、产出一定的经济成果来决定经济行为变化。法律是最强有力的制度，一些转移支付法律制度的不健全是影响农村职业教育财政规模效率的主要因素之一。

基于国际视角，在中国政府间的转移支付制度还比较匮乏，特别是在公平、公开、一致等方面还不够完善。在外国，高一级政府对低一级政府的转移支付是低一级政府的主要财政资金来源，转移支付的规模、转移支付的依存度、转移支付的用途均有较为明晰的规定。我国需要参考国外通过完善法律制度建设来保障农民培训资金投入的模式（张祺午，2023）。

源于我国分税制改革，基于中央对地方财政返回税收基数法所形成的"一省一额、一省一率"的转移支付制度有待完善，主要表现在：一是相关的法律规范还不够健全，造成转移支付的随意性；二是对地方政府的激励与约束机制不够完善，提高市场化的程度等尚需进一步加强；三是分配资金过程的透明度还不高，不能满足农村职业教育等公共产品的实际需求。

6.3　最优结构经济学分析

农村职业教育财政投入结构效率的动态分析是在考虑结构变动条件下，分析农村职业教育对经济发展的影响程度、农村职业教育财政投入结构发生变化所带来的经济规模效益，也就是分析其对经济增长所作出的贡献值。为农村职业教育财政资金的预算提供最佳结构，从财政资金结构的视角促进农村职业教育健康发展。

依据微观经济学的基本原理，只有用于农村职业教育财政投入的各个部分资金所产生的社会边际效用相等时，基于农村职业教育财政投入结构效率的视角，资源配置才能趋近或达到最佳状态。如图 6-17 所示，假定农村职业教育财政投入只投入普通中专（P）和职业高中（Z）两种公共产品，U 为社会无差异曲线，EF 为农村职业教育财政投入的预算线，当社会无差异曲线 U_2 与预算线 EF 相切于 A_2 时，给就读于普通中专和职业高中所带来的边际效用是一致的，在这种状态下，按普通中专与职业高中比重配置的农村职业教育财政资金的结构处于最优状态。当农村职业教育财政投入总量增多时，预算约束线会向右平行移动至 CD，与另外一条社会无差异曲线 U_1 相交于 A_1，此刻，农村职业教育财政投入的结构需要依据新的比例进行调整。

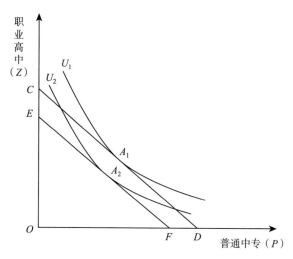

图 6-17 最优农村职业财政投入结构的边际分析

内生经济增长理论认为公共投资具有很强的生产性，Arrow 和 Kurz（1970）将公共资本存量增加到宏观生产函数中，把公共支出和经济增长的关系进行计量模型分析，构建了新的生产函数为：$Y(t) = E[S(t), Z(t), P(t)m^r]$。公式中 $S(t)$ 与 $Z(t)$ 分别表示纯公共物品性质的公共资本的存量和私人资本存量，r 表示技术进步率（外生增加劳动力时产生的）。公共资本存量双重作用的特征，使其也在家庭效用函数中出现，而均衡状态波动性使这个模型很少被使用。

Baaro（1990）假定公共投资流量可以直接纳入宏观经济生产函数，吸收了经济服务中生产机会具有正效应的观点，构建了一个较为广泛应用的内生经济增长模型。

$$Y(t) = E[Z(t)I_S(t)] = Z(t)^{1-\beta}I_S(t)^{\beta} \qquad 式（6-29）$$

模型中 $I_S(t)$ 为财政投入流量，β 为财政投入产出弹性。

为了筹集公共财政投入，政府按照 g 的所得税对家庭进行征税，假设预算是在均衡的条件下，公共财政投入流量的计量分析模型为：

$$I_S(t) = gZ(t)^{1-\alpha}I(t)^{\beta} \qquad 式（6-30）$$

Devaraja，Swaroop and Zou（1996）构建了财政投入结构与经济增长关系模型，尽管该模型与 Baaro（1990）的相同，都包含了公共支出与私人资本存量，但是其模型把公共支出分为两类。

$$Y(t) = E(Z, S_1, S_2) = (\alpha Z^{-\vartheta} + \beta S_1^{-\vartheta} + \gamma S_2^{-\vartheta})^{-\vartheta} \qquad 式（6-31）$$

模型中 Z 为私人资本存量，S_1、S_2 为两种公共支出，α、β、γ 分别代表其对生产的贡献度。假设财政收支均衡，公共支出的比重和其产出弹性是调整财政投入结构促进经济增长的主要影响因素。

郭庆旺、吕冰洋、张德勇（2003）构建了财政支出与经济增长关系模型，该模型是从社会总产品供求平衡的角度分析，其模型为：

$$Y = C + I + S \qquad 式（6-32）$$

模型中 S 为政府购买支出，政府购买支出分为投资与消费支出，投资支出又分为人力资本与物质资本支出；I 为民间投资，C 为民间消费。

其必要增长率为：

$$\zeta_\gamma = \eta[1 - (1 - \phi_1 - \phi_2)s] - \eta c(1 - t) \qquad 式（6-33）$$

模型中 η 为投资潜在的社会平均生产率，ϕ_1 为政府物质资本投入占政府购买支出比例，ϕ_2 为政府人力资本投入占政府购买支出比例，c 为边际消费倾向。

借鉴相关的理论框架，先推导财政支农结构最优的计量模型，将财政投入也分为生产性财政投入和非生产性财政投入两部分，并将其引入柯布—道格拉斯生产函数中展开计量模型分析。假设生产函数包括私人资本存量、劳动力和生产性财政投入、非生产性财政投入。由于一个国家，特别是我国劳动力有充分的富余，因此劳动力要素可以暂时忽略不计。

$$y = f(z, s_1, s_2) = z^\alpha s_1^\beta s_2^\gamma \qquad 式（6-34）$$

$0 < \alpha < 1, 0 < \beta < 1, 0 < \gamma < 1, \alpha + \beta + \gamma = 1$。

z、s_1、s_2 的投入产出弹性分别为 α、β、γ。用 T 代表对总的国民收入的征税比率，z 代表总财政支出，并且假设财政收支处于平衡状态，则有：

$$Ty = S = s_1 + s_2 \qquad 式（6-35）$$

生产性财政支出所占的比重为 ϕ_1，非生产性财政支出所占的比重为 ϕ_2，$\phi_1 + \phi_2 = 1$ 则有：

$$s_1 = \phi_1 S = \phi_1 Ty, s_2 = \phi_2 S = \phi_2 Ty \qquad 式（6-36）$$

假设政府对 T 和 ϕ_1 的决策是确定的，从事家庭生产的典型个人，其目标是在无限期内最大化其效用的贴现：

$$\max \int_0^\infty \left[\frac{\omega^{1-\upsilon} - \upsilon}{1 - \upsilon} \right] e^{-ft} \mathrm{d}t \qquad \text{式（6-37）}$$

式中，f 为不变的时间偏好率，ω 为家庭人均消费，υ 为跨期替代弹性的倒数。

应用现值汉密尔顿函数推导竞争条件下的增长率：

$$H = u(\omega) + \rho(1-T)\gamma z^\alpha s_1{}^\beta s_2{}^\gamma - \omega$$
$$= \frac{c^{1-\upsilon} - 1}{1 - \upsilon} + \rho(1-T) z \alpha s_1{}^\beta s_2{}^\gamma - \omega \qquad \text{式（6-38）}$$

式中，ρ 为当前效用度量投资的影子价值。

最大化汉密尔顿函数的一阶必要条件是投资的影子价值等于消费的边际效用：

$$u(\omega) = \rho \qquad \text{式（6-39）}$$

影子价值 ρ 本身是由边际资本所带来的效用流的现值决定的。可以根据欧拉方程来确定：

$$f\rho = \rho y_z + \rho = \upsilon \alpha (1-T) z^{\alpha-1} s_1^\beta s_2^\gamma + \rho \quad \text{式（6-40）}$$

横截性条件为：$\lim\limits_{t \to \infty} e^{-ft} \rho z = 0$

通过式（6-38）、式（6-39）、式（6-40）及横截性条件我们可以得到调整后的欧拉方程，也是消费增长率方程：

$$\frac{\omega'}{\omega} = \frac{\alpha(1-T) z^{\alpha-1} s_1^\beta s_2^\gamma - f}{\upsilon} \qquad \text{式（6-41）}$$

把式（6-36）代入式（6-41）：

$$s = \frac{1}{\upsilon} \left[(1-T) T^{\frac{1-\alpha}{\alpha}} \alpha \phi_1^{\frac{\beta}{\alpha}} \phi_2^{\frac{\chi}{\alpha}} - f \right] \qquad \text{式（6-42）}$$

式（6-42）充分说明，经济增长会受到财政投入的比例（即财政支出结构：ϕ_1、ϕ_2）与总税率（T）的根本影响；在总的财政投入明确的条件下，优化财政投入结构能够有效地促进经济增长。假定政府宏观政策目标是实现经济增长速度的最大化，在 $\phi_1 + \phi_2 = 1$ 的条件下，主要通过选择总税率及财政投入结构来实现这一目标。ϕ_1、ϕ_2 要满足下列条件：

$$\phi_1^* = \frac{\beta}{\beta + \gamma}, \; \phi_2^* = \frac{\lambda}{\beta + \gamma} \qquad \text{式（6-43）}$$

表明各项财政投入要与其产出弹性相适应才能达到最优，当

$$\phi_1^* \neq \frac{\beta}{\beta + \gamma} \qquad \text{式（6-44）}$$

$$\phi_2^* \neq \frac{\lambda}{\beta + \gamma} \qquad \text{式（6-45）}$$

就不需要调整财政投入规模而需要优化财政投入结构来促进经济增长。所以，可以通过优化财政的投入结构来促进经济发展，不断发挥财政投入的结构效应。

上述计量模型也可以推广为多种财政投入形式。如果有 n 种财政投入，各项财政投入在生产函数中的指数为 γ_i，各项财政投入的比例为 ϕ_i，促进经济增长率最大化的财政支出结构为：$\phi_i = \dfrac{\gamma_i}{\sum_n \gamma_n}$。

6.4　农村职业教育财政投入预算最优结构模型的构建

依据以上最优结构模型的分析和推导，农村职业教育财政支出应该存在一个使农村职业教育对经济增长率最大化的财政投入结构，从微观经济学的理论角度来判断，农村职业教育财政投入的结构效率达到最优的条件是构成农村职业教育财政的各个组成部分带来的边际效用相等。只要农村职业教育财政支出的比例结构在客观数量允许的弹性区间内，无论是消费性还是投资性农村职业的财政投入都会推动经济增长。但是农村职业教育财政投入总量超越这个弹性区间，就会产生消极效应。所以，本研究在经典的生产函数的基础上，通过基本条件假设、数理逻辑的推演构建了农村职业教育财政投入结构效率的计量经济模型；然后，进一步分析比较农村职业教育财政投入的各个部分的产出弹性与贡献份额的规模；最后，结合农村职业教育财政投入的实际情况不断优化，促其达到最佳结构。

设农村职业教育生产函数为：

$$Y = F(Z, N, S) \qquad \text{式（6-46）}$$

式中，Y 代表农村职业教育对经济增长的贡献，Z 代表农村职业教育资本存量，N 代表教职工人数，S 代表农村职业教育财政投入。由于农村职业学校的师资主要学历为大学本科，而中国的本科教育所培养的人才是富足的，因而假设农村职业教育的师资是充足的，人力资本即教职员工不构成约束条件，实际上就省去了劳动力投入生产要素。

从理论上的推导来看可以对劳动投入即农村职业教育师资 N 加一个 M 容量限制，因此有：

$$Y = F(Z,S) \min(N,M)^k, \ k > 0 \qquad 式（6-47）$$

令 $w = (M)^k$ 表示最大农村职业教育产出能力，农村职业教育最大劳动力容量如果实现，那么农村职业教育将拥有稳定的规模收益，农村职业教育对经济增长的贡献规模将取决于总的资本投入与财政投入。生产函数就会演变为：

$$Y = wF(Z,S) \qquad 式（6-48）$$

对上式取全微分：

$$dY = \frac{w \, \partial F}{\partial Z \times dZ + \dfrac{W \, \partial F}{\partial S} \times dS} \qquad 式（6-49）$$

式中，S 代表农村职业教育财政投入，主要由三部分组成，分别为普通中专财政投入、职教中心财政投入和技工学校的财政投入。因此，农村职业教育财政投入的水平可以用 S_1、S_2、S_3 这 3 个变量表示。其变量函数 $F = L(S_1, S_2, S_3)$。将该函数整合到式（6-49）中，即：

$$dY = \frac{w \, \partial F}{\partial Z} \times dZ + \frac{w \, \partial F}{\partial S}\left(\frac{\partial S}{\partial S_1} \times dS_1 + \frac{\partial S}{\partial S_2} \times dS_2 + \frac{\partial S}{\partial S_3} \times dS_3\right)$$
$$式（6-50）$$

整理后，得到：

$$dY = \frac{w \, \partial F}{\partial Z} \times dZ + \frac{w \, \partial F}{\partial S_1} \times dS_1 + \frac{w \, \partial F}{\partial S_2} \times dS_2 + \frac{w \, \partial F}{\partial S_3} \times dS_3$$
$$式（6-51）$$

分别用 v_1，v_2，v_3，v_4 代表农村职业教育资本存量的边际产出、普通中专财政投入、职教中心财政投入、技工学校财政投入的边际产出，再对两边分别除以 w，则得到人均产出增长模型：

$$\frac{dY}{w} = v_1 dZ + v_2 dS_1 + v_3 dS_2 + v_4 dS_3 \qquad 式（6-52）$$

利用式（6-52）人均产出增长计量模型，可以分析经济增长与农村职业教育财政投入结构之间的计量经济联系，$\dfrac{dY}{w}$ 可以用农村职业教育对经济增长贡献 P 近似代替，因为差分量就是水平量的前期减去后期所得的数值，所以容易证明，P 与 Z、S_1、S_2、S_3 的水平量之间的关系是稳定的。然后，对该模型两端进行对数处理会得到本研究的数理分析模型，即：

$$\ln P = \lambda_0 + \lambda_1 \times \ln Z + \lambda_2 \times \ln S_1 + \lambda_3 \times \ln S_2 + \lambda_4 \times \ln S_3 + \varepsilon$$

式（6-53）

式中，λ_1、λ_2、λ_3、λ_4分别代表农村职业教育资本、普通中专财政投入、职教中心财政投入、技工学校财政投入的产出弹性。ε表示随机误差项。

λ_j表示第j项农村职业教育财政投入占农村职业教育财政总投入的比例，每提高1%，农村职业教育对经济增长的贡献提高λ_j%，当$\lambda_j \geqslant 0$时，表示该项投入在农村职业教育财政总投入中所占的比例偏少，增加该项支出比例，可以进一步提高农村职业教育对经济增长的贡献，换句话说，该项投入在农村职业教育总的财政投入中的比例不足；当$\lambda_j < 0$时，表示该项投入在农村职业教育总投入中占的比例偏大，减少该项投入的比例，可以进一步提高农村职业教育对经济增长的贡献，换句话说，该项财政投入在农村职业教育的总投入中比重过大。需要注意的是，某类农村职业教育财政投入如果过多并不一定表明这类财政投入对农村职业教育经济增长不存在积极效应，而可能是在结构上出现了偏差。

6.4.1　数据来源及说明

（1）农村职业教育GDP

主要表示农村职业教育对经济增长的贡献，本研究采用王凤羽（2011）用丹尼森系数法估算的全国农村职业教育对经济增长的贡献水平0.525%，估计重庆农村职业教育对经济增长的贡献。重庆市GDP主要来源于2015年度《重庆市统计年鉴》。

（2）农村职业教育资本存量

用农村职业教育的固定资产来表示。农村职业教育的固定资产主要是财政投入，而在统计年鉴也存在相应的数据，因此就用固定资产的年末数据近似代替农村职业教育的资本存量。

（3）普通中专、职教中心、技工学校财政投入主要来源于《中国教育经费统计年鉴》《重庆市统计年鉴》提供的1997—2014年度的相关数据

数据全部经过1978年为100的GDP平减指数进行平减。具体数据见

表 6 - 12。

表 6 - 12　重庆市农村职业教育财政投入结构数据

单位：千元

年份	GDP	固定资产-Z	普通中专-S1	职业高中-S2	技工学校-S3
1997	792 618.75	227 887.90	21 698.08	22 502.57	1 856.29
1998	841 249.50	498 809.01	24 713.58	29 206.26	2 819.09
1999	873 180.00	460 375.04	31 892.98	29 933.29	2 302.61
2000	940 275.00	1 817 058.20	41 167.38	30 447.39	2 317.94
2001	1 037 851.50	1 753 517.00	34 687.50	36 016.64	2 397.38
2002	1 172 251.50	2 788 742.74	33 697.67	34 969.76	9 312.67
2003	1 341 753.00	1 378 021.25	29 744.99	37 527.89	3 325.09
2004	1 593 154.50	2 942 299.75	27 694.60	42 070.58	4 644.44
2005	1 820 553.00	513 615.70	24 815.58	54 660.36	16 437.94
2006	2 051 295.75	533 109.87	24 355.46	69 550.87	7 144.40
2007	2 454 968.25	749 032.94	25 954.87	179 603.57	18 467.38
2008	3 041 671.50	802 988.24	26 175.49	269 716.65	27 739.11
2009	3 428 255.25	1 065 031.21	65 668.26	192 074.90	26 068.65
2010	4 160 929.50	1 080 807.53	33 949.46	20 323.07	33 676.47
2011	5 255 969.25	1 277 267.73	97 468.49	269 856.51	37 723.98
2012	5 990 040.00	1 369 182.80	52 545.03	175 382.59	42 667.50
2013	6 711 211.50	1 402 755.73	417 444.47	156 149.64	47 843.71
2014	7 487 865.00	1 607 288.03	488 392.49	161 968.45	52 668.21

资料来源：1998—2015 年《中国教育经费统计年鉴》《重庆市统计年鉴》《重庆市教育年鉴》。

6.4.2　基于神经网络模型方法估计与过程

运用 Modeler21.0 软件运行，依据表 6 - 12 的数据，神经网络模型方法估计的基本思路与模型概要如图 6 - 18 所示。

目标函数为 T1，也就是因变量 GDP，数据进行了平减指数处理。模型为多层感知器，中止规则为进一步降低误差，即误差最小；隐藏层神经元为 3 个，如图 6 - 19 所示。

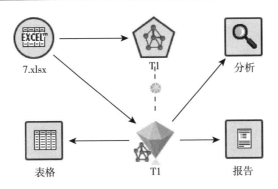

图 6 - 18　神经网络模型方法估计的基本思路与模型概要

模型概要

目标	T1
模型	多层感知器
所使用的中止规则	无法进一步降低误差
隐藏层1神经元	3

图 6 - 19　神经网络模型概要

从图 6 - 20 来看，从准确率来看，神经网络模型测度结果的准确率更好，超过 90%，高达 92.1%，说明神经网络分析是基本可靠的，可以信赖。

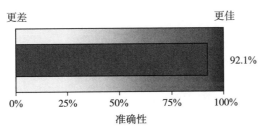

图 6 - 20　神经网络准确程度

如图 6 - 21 所示，基于预测变量的重要性的视角来看，技工学校（T5）农村职业教育 GDP 重要性超过 40%，其次是普通中专（T3）达到 40%，再次是职业高中（T4）接近 20%，最后是固定资产（T2）贡献率为 1%～2%。

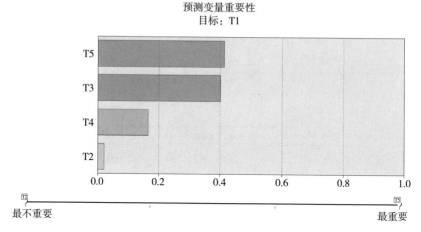

图 6-21　预测变量重要程度

从图 6-22来看，预测值与实际观测值拟合程度较好，X 轴代表实际观测值、Y 轴代表预测值，二者散点图分布 45°线周围，说明观测值和预测值拟合很好，即预测值与实际观测值的偏差较小。

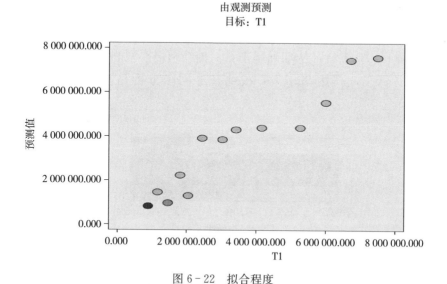

图 6-22　拟合程度

用联合权重来估计神经网络映射关系，部分黑色的线条权重为正，部分灰色线条权重为负，具有 3 个隐藏的神经元以及一个偏差修正神经元，图 6-23 构建了最优预算结构的神经网络模型。

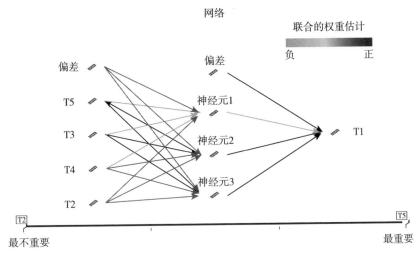

图 6-23 最优结构神经网络

6.4.3 基于社会网络模型估计方法与过程

运用 Ucinet16.0 软件，依据表 6-12 数据，测度度中心性、接近中心性和中间中心性三个重要指标。

（1）度中心性的测度

Degree 表示中心性，*NrmDegree* 表示标准中心性，*Share* 表示 *GDP*、技工学校、普通中专、职业高中、固定资产分别所占的比例，总和为 1。基于平减后 *GDP* 的视角，其度中心性的最大值为 2.474。如果不考虑因变量，只考虑自变量，其度中心性最大的是技工学校（2.412），其次是普通中专（1.943），再次是职业高中（1.573），最后为固定资产（0.156），与神经网络模型测度的结果基本一致（表 6-13）。

表 6-13 度中心性指标测度

主要指标	1	2	3
	Degree	*Nrm Degree*	*Share*
GDP	2.474	63.112	0.289
技工学校-S3	2.412	61.531	0.282
普通中专-S1	1.943	49.566	0.227
职业高中-S3	1.573	40.128	0.184
固定资产-Z	0.156	3.980	0.018

如表 6－14 所示，度中心性的均值为 1.712，标准化度中心性的均值为 43.663；度中心性的方差和标准差分别为 0.713 和 0.844，标准化度中心性的方差和标准差为 463.929 和 21.539；标准化极值也如表 6－14 所示，最大值为 63.112，最小值为 3.980，内方差程度为 24.87%。其社会网络度中心性的程度为 32.41%，表明效果较好。形成的度中心性的关系结构如图 6－24 所示。

表 6－14　度中心性指标描述性统计

变量	1	2	3
	Degree	*NrmDegree*	*Share*
Mean	1.712	43.663	0.200
Std Dev	0.844	21.539	0.099
Sum	8.558	218.316	1.000
Variance	0.713	463.929	0.010
SSQ	18.212	11 852.049	0.249
MCSSQ	3.564	2 319.646	0.049
Euc Norm	4.268	108.867	0.499
min	0.156	3.980	0.018
max	2.474	63.112	0.289

Network Centralization = 32.41%

Heterogeneity = 24.87%. Normalized = 6.08%

Actor – by – centrality matrix saved as dataset FreemanDegree

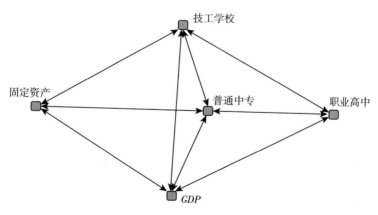

图 6－24　社会网络度中心性

(2) 接近中心性的测度

$Farness$ 代表远度，表示数值越大对因变量影响就越小，反之亦然；$nCloseness$ 表示接近度，表明数值越大对因变量影响越大，反之亦然；从表 6 - 15 中可以看出技工学校、普通中专从远（4）、近（100）两个视角表明对 GDP 的影响程度较大，它们的接近中心度为 100；其次是职业高中和固定资产，它们的接近中心度为 80。

表 6 - 15　接近中心性指标的测度

主要指标	1	2
	$Farness$	$nCloseness$
GDP	4	100
技工学校- S3	4	100
普通中专- S1	4	100
职业高中- S3	5	80
固定资产- Z	5	80

远度的均值为 4.4，接近度的均值为 92。远度的方差和标准差分别为 0.24 和 0.49，说明远度在不同样本之间的差距较小；接近度的方差和标准差分别 96 和 9.798，说明接近度在不同样本间的差距较大。远度的极小值和极大值分别是 4 和 5；接近度的极小值与极大值分别是 80 和 100。具体如表 6 - 16 所示。

表 6 - 16　描述性统计

变量	1	2
	$Farness$	$nCloseness$
$Mean$	4.400	92.000
$StdDev$	0.490	9.798
Sum	22.000	460.000
$Variance$	0.240	96.000
SSQ	98.000	42 800.000
$MCSSQ$	1.200	480.000
$Euc\ Norm$	9.899	206.882
min	4.000	80.000
max	5.000	100.000

社会网络中心性为23.33%，图标越大表明固定资产与职业高中距离两个变量接近程度越低（图6-25）。可以看出，技工学校、普通中专的图标小，接近中心性高。

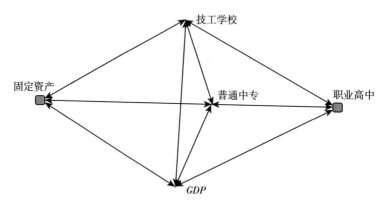

图6-25 社会网络接近中心性

（3）中间中心性的测度

如表6-17所示，技工学校和普通中专作为中间变量的可能性最大，也就是中间中心性最强，其指标均为0.333，标准化了的中间中心性指标为5.556。

表6-17 中间中心性指标测度

主要指标	1	2
	Betweenness	*nBetweenness*
GDP	0.333	5.556
技工学校-S3	0.333	5.556
普通中专-S1	0.333	5.556
职业高中-S3	0.000	0.000
固定资产-Z	0.000	0.000

中间中心性指标均值为3.333，标准差是2.722；其他统计数据如表6-18所示。

表 6 - 18　描述性统计

变量	1	2
	Betweenness	*nBetweenness*
Mean	0.000	3.333
Std Dev	0.163	2.722
Sum	0.000	16.667
Variance	0.027	7.407
SSQ	333.000	92.593
MCSSQ	0.133	37.037
Euc Norm	0.577	9.623
min	0.000	0.000
max	0.333	5.556

基于社会网络中间中心性的指数为 2.78%，技工学校、普通中专与 GDP 对应的图标显著，表明这两个变量中间程度较强（图 6 - 26）。可以看出，技工学校、普通中专的图标大，中间中心度高。说明技工学校、普通中专是两个重要的中介变量，在该社会网络中起着桥梁的重要连接作用。

Network Centralization $= 2.78\%$

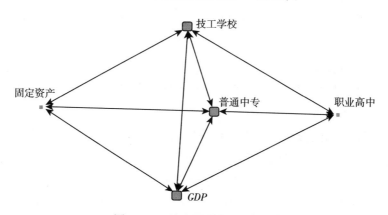

图 6 - 26　社会网络中间中心性

6.4.4　基于回归分析视角最优预算结构模型的构建

对表 6 - 12 取对数后，再依次进行单位根和协整检验，解决平稳性问题；然后进行回归分析，其回归结果如表 6 - 19 所示。

表 6 - 19　重庆市农村职业教育财政投入结构模型回归结果

	解释变量与控制变量				
	C	$\ln S1$	$\ln S2$	$\ln S3$	$\ln Z$
系数	7.427	0.177	0.052	0.486	0.013
	(0.000 0)	(0.033 4)	(0.570 3)	(0.000 0)	(0.877 5)

注：括号中为 P 值。

6.4.5　实证结果分析

(1) 基于多层感知器视角，构建神经网络模型

运用 Modeler 21 软件测度，其准确程度达到 92.1%，发现只有三个神经元，技工学校（T5）最重要，超过 40%；其次是普通中专（T3），达到 40%；再次是职业高中（T4），接近 40%；最后是固定资产（T2），仅仅在 20% 左右。由此构建出神经网络模型，提升了测度的精准程度。

(2) 基于"三性"视角，构建社会网络模型

不考虑因变量，在度中心性的测度中，技工学校的度量值最大，在社会网络节点中最为重要，其次是普通中专，再次是职业高中和固定资产，表现在社会网络中：图标越大，就越为重要；在接近中心性的测度中，通过远度与近度来表示自变量重要程度，技工学校在远度维度下数值最小为 4，在近度维度下数值最大，表明该自变量最为重要，而在其社会网络图标中表现恰与度中心性相反。在中间中心性测度中，技工学校的指标为 0.333，表明财政经费作为中间变量的可能性最大，在社会网络图形中图标表现为比较显著。

(3) 基于回归分析的视角，构建农村职业教育最优预算结构

根据表 6 - 19 可以看出，解释变量 $\ln S1$ 前的系数为 0.177 409，且该系数的概率值＝0.033 4＜0.05，表示代表普通中专经费投入水平的变量对被解释变量存在正向显著影响，即 $\ln S1$ 扩大 1 单位，可以推动 $\ln P$ 扩大 0.177 409 个单位；解释变量 $\ln S2$ 前的系数为 0.051 536，且该系数的概率值＞0.05，即回归结果不显著，由回归结果可以得出代表职业高中财政经费水平的 $S2$ 对产出存在不显著的正向影响；而代表技工学校财政经费水平的解释变量 $\ln S3$ 前的系数为 0.485 694，且该系数的概率值＜0.05，则技工学校财政经费水平对被解释变量总产出存在显著影响，即

lnS3 扩大 1 单位，可以推动 lnP 扩大 0.485 694 个单位。由以上分析可以看出，技工学校财政经费对总产出的影响比普通中专和职业高中要大得多。控制变量 lnZ 前的系数为 0.013 122，但是其概率＞0.05，即固定资产对总产出不存在显著影响。

在农村职业教育财政投入的结构中涵盖普通中专、技工学校和职业高中的财政经费。对普通中专和技工学校的财政投入产出的效果明显，而对职业高中的投入产出不明显，该变量的对数未进入回归方程。主要原因可能是职业高中的教育在发展过程中经历了升学—就业—就业/升学三个主要的发展阶段。即早期的职业高中教育更注重文化基础教育，倾向于学生的升学，追求升学率。中期才开始注重职业技能的培训，提升学生的就业能力。目前，职业高中教育是升学与就业并重。而技工学校注重技能的培养，实现更好的就业有助于呈现财政投入的产出效果。技能性培养的程度越强，其投入产出的效果就越好。因此，技工学校的财政投入效果要强于普通中专的财政投入效果。

本模型选择固定资产作为控制变量，其前提是假定师资力量丰富，也就是中职师资比较富余，因而本要素在模型中省去。而现实中中职师资的质量因素尚未被考虑进去，也就是真正的双师型师资队伍还相对匮乏。学校的固定资产在整个学校教育生产过程中所产生的效应具有一定滞后性，特别是一些教学设备的陈旧，对技能型人才培养相对断裂，一定程度上降低了应用型人才培养的传导效应。同时，教育信息技术的日新月异，也为教学设备的迅速更新带来障碍，进而导致固定资产的投入对中等职业教育投入产出效果不显著。

6.4.6 农村职业教育财政投入结构效应影响因素分析

(1) 观念因素

在市场经济发展进程中，地方政府的角色由生产活动的直接组织者逐步向公共产品的提供者与公共服务者转变。当然，地方政府角色的变化与我国财政体制的变化是紧密相关的。然而，中央政府以经济增长为中心的目标考核体系的传统计划经济观念对地方政府财政决策的影响很强烈。地方政府在以经济增长为考核目标激励下，不断地调整财政投入政策促进经济增长，作为理性人的地方政府的决策者把本地区经济增长作为其现实的选择，因此，地方政府就要寻求新的经济增长方式与资源配置方法，而普通中专、技工学校、职业高中的教育投入都具有投资周期长、风险大、收益低的特点，地方政府往往倾向于见效相对较高较快的生产支出的财政投入。

此外，由于普通高校的扩招以及受传统观念的影响，很多家庭和孩子们不愿就读普通中专、职业高中和技工学校。事实上就读这类农村职业教育的学生大部分也是成绩不好的，他们就读普通高中无望只好选择职业院校就读。尽管国家出台了一些促进农村职业教育健康发展的相关政策，但是对农村职业教育生源的质量和数量的提高还是很不明显。当然，我国适学人口的自然减少也是一个影响生源人数下降的原因。但对农村职业教育的消费相对匮乏是就读人数少的主要原因，即使选择了这类学校就读其生源分布也不太均衡，就读普通中专要高于职业高中，就读职业高中高于技工学校。进一步影响地方政府对普通中专、职业高中和技工学校结构性财政投入的选择。

（2）制度因素

我国农村职业教育经费筹措方面先后出台了很多相关制度规定。相关的资料表明重庆市农村职业教育财政预算制度主要贯彻国家的相关规定，从制度演变来看更多的是关注职业中学和普通中专，因此，在财政预算中对技工学校关注相对较少，主要原因是技工学校更多的是行业企业办学，在历史上其归口主管部门主要是劳动保障部门，在一定程度上影响着其经费的筹措。

此外，地方政府财政职能遭到了分解与弱化，表现在财政预算外收入没有得到很好的监督与控制；预算内财政收入乏力。特别是最近几年，有的单位和部门为了强化既得利益进一步促进了预算外资金的膨胀。普通中专、职业高中、技工学校在经费投入上相对来说更加关注人头费的投入，特别是行政人员的人头费，对基本教学设备、实验实训基地的投入相对较少，在一定程度上降低了财政经费的使用效率。客观的标准不足与扭曲、依法监督体系不够完善在一定程度上导致农村职业教育财政资金的筹措与投入的积极性不高，监督和激励也就无能为力。当财政能力有限时，农村职业教育财政投入方式是照顾到普通中专、职业高中、技工学校各方面利益而不是通过实际需要、竞争性的选择来筹措和分配财政资金。

(3) 官僚因素

公共经济学的理性人基本理论认为官僚在作出财政筹措与投入决策时存在选择性偏好，往往考虑自身最大化利益。农村职业教育各类财政投入的效率不同，因此，农村职业教育财政投入不同的结构就会导致农村职业教育财政投入总的效率不同，进而促进农村职业教育的预算结构发生相应的调整。不同的初中毕业生、农村职业学校与个别地方官员对具有纯公共产品属性较强的农村职业教育的需求结构并不完全一致。由于个别地方官员所处的特殊的政治地位，完全依据自身的偏好与价值的追求来确定农村职业教育的财政投入结构。而农村职业教育的结构性财政投入与地方政府追求的"短、平、快"的项目相比显得乏力，主要原因是其更注重自身的政绩与利益。

此外，寻租活动也会影响农村职业教育财政筹措与投入结构。个别地方官员为了追求自身的政绩，获得更多的政治上的利益和财政预算，定期或不定期地向上级领导与部门"寻租"。地方政府追求政府财政预算最大化，过多参与经济建设，而对普通中专、职业高中、技工学校等农村职业教育的投入不充分，导致市场运作效率不高，直接影响地方政府资源配置效率。

6.5　小结

最优预算模型的基本运行原理就是通过调整农村职业教育财政投入的 MPS 值接近于 1 的速度，对重庆市农村职业教育财政最优预算模型及预算规模进行估计，该估算结果考虑到了农村职业教育财政投入的刚性约束条件，也从另一个侧面表明了财政预算的约束条件。具有一定的客观现实性与统计预测的科学性。得出：边际产出 MPS 趋进 1 的速度可以根据重庆经济发展不同时期水平、政府的教育政策取向、教育政策制定者偏好、财政能力不同阶段水平进行相应的调整和设定。调整与设定的条件不同，农村职业教育财政投入的结果也不一致，但其最终目标都是促使农村职业教育财政资源的配置达到最佳水平。最优预算模型估计及最优农村职业教育财政投入的取向增长的估算是一个动态过程。随着时间的不断变化，新的估计需要不断更新数据。通过上述的实证分析表明在理论上存在最优规模，利用经验数据验证了重庆市农村职业教育财政投入规模较小的事实。为了达到最佳的投入效益就要谋划最佳的预算规模，影响其预算规模的主要因素有经济发展水平、相关政策、法律制度等。依据最优结构模型的分析和推导，农村职业教育财政支出应该存在一个使农村职业教育对经济增长率最大化的财政投入结构，最优的条件是构成农村职业教育财政的各个组成部分带来的边际效用相等。只要农村职业教育财政支出的比例结构在客观数量允许的弹性区间内，无论是消费性还是投资性农村职业的财政投入都会推动经济增长。但是农村职业教育财政投入总量超越这个弹性区间，就会产生消极效应。

利用神经网络方法进行模型测度得出：技工学校、职业高中、固定资产对农村职业教育 GDP 重要性非常大，重要性排序依次是：技工学校＞职业高中＞固定资产。

利用社会网络模型估计方法对农村职业教育财政投入结构的度中心性、接近中心性和中间中心性三个指标进行衡量。从度中心性测量得出：如果不考虑因变量，只考虑自变量，其度中心性最大的是技工学校，其次是普通中专，再次是职业高中，最后为固定资产，与神经网络模型测度的结果基本一致。从接近中心性测量得出：技工学校、普通中专对 GDP 的影响程度较大，其次是职业高中和固定资产。固定资产与职业高中在接近中心性上的得分较低，表明它们与其他变量的接近程度相对较低。从中间中心性测量得出：技工学校和普通中专作为中间的变量的可能性最大，也就是中间中心性最强。技工学校、普通中专的图标大、中间中心度高。说明技工学校、普通中专是两个重要的中介变量，在该社会网络中起着重要的连接作用。

由回归结果可以得出：技工学校财政经费水平对被解释变量总产出存在显著影响，技工学校财政经费对总产出的影响比普通中专和职业高中要大得多。固定资产对总产出不存在显著影响。在农村职业教育财政投入的结构中涵盖普通中专、技工学校和职业高中的财政经费。对普通中专和技工学校的财政投入产出的影响效果明显，而对职业高中的投入产出影响不明显，该变量的对数未进入回归方程。农村职业教育财政投入结构效应影响因素主要是观念因素、制度因素和官僚因素等。

第7章 | 农村职业教育财政投入责任机制实证研究

本章以政府为理性人、中央政府控制地方政府投入的比例、地方政府拥有真实的学生信息为基本假设条件，设定博弈分析理论模型。通过博弈模型的构建，推导出子博弈完美纳什均衡解。以重庆市 2003—2012 年相关的可统计的指标为样本数据，将 α 转换成 Q_r 代数模式进行了有意义的定量分析。认为重庆市对农村职业教育财政责任承担的比例为 53.69%，主要源于可计量的有影响的数据变量的统计分析。

7.1 责任机制实证研究假设

政府是理性和自利的，具有政治人和经纪人的双重理性。作为政治人，美国著名政治学家卡普兰和拉斯韦尔（2012）认为，政治人注重权力最大化，并且把别人也当作提高影响力和权力地位的工具。以权威的大小作为对其行为的评价标准，而且主要取决于政治客体（中央政府）对主体（地方政府）行为的判断。应丽艳（2009）指出作为经济人，政府具有"经济人理性"，经济人理性所追求的是来源于人类各种动机行为抽象出来的最为基本的经济动机——财富最大化动机。以财富的多少作为对其评价的标准，并且主要取决于经济行为主体（政府）对自身的判断。由此可以看出，在政府间的博弈过程中，中央政府与地方政府都是寻求自身利益最大化的理性人，分别用下标 S 与 L 表示。

中央政府决定地方政府在农村职业教育财政投入中所应承担教育财政责任的比例 P；而地方政府对职教学生上报数量 N 享有绝对的控制权。因此，在农村职业教育财政投入的行为结果是由地方政府决定的中职学生数量 Q 和中央政府确立的财政投入比例 P 共同决定的。即由地方政府效用函数 $W_L = U_L(P,Q)$ 和中央政府效用函数 $W_S = U_S(P,Q)$ 来决定的。

作这样的假定，首先是中央政府拥有绝对的行政指令控制权；其次是因为地方政府能够掌握更加真实有效的信息；最后是因为中央政府所需要的信息主要依靠地方政府提供。信息不对称进而发生道德风险和逆向选择，也为双方博弈创造了条件。

中央政府和地方政府都获得了财政投入中的内外部效应，同时各自也分担了相应的成本。中央政府的收益函数可设定为：

$$U_S = Y_S(Q) - C_S(P,Q) \qquad 式（7-1）$$

其中，$Y_S(Q) = \gamma \times Q^\mu$，$0 < \mu < 1$，$\gamma > 0$ 且满足 $Y'_S(Q) > 0$，$Y''_S(Q) < 0$，即中央政府的社会收益函数是学生人数 Q 的凹形单调递增函数，并且满足边际收益递减。γ 是任意常数；$C_S(P,Q) = C \times (1-P) \times Q$，$C$ 代表中等职业教育学生生均教育经费，生均教育经费由中央和地方共同担负；同时，地方政府也有类似的收益函数，但对地方政府而言，存在 $Q = Q_r - \alpha \times P$ 函数关系，α 代表地方政府对中央政府制定的 P 的敏感度或反应系数。Q_r 代表真实的中职学生数量，Q 与 P 之间存在着负相关关系。主要表明地方政府是理性人，作为相对独立的个体是要追求自身效益最大化的，因此，地方政府在主观上希望分担的责任比例越低越好，而申报学生人数越多越好。

7.2　责任机制模型设计

根据上述假设，可以得到如下函数关系式：

$$U_S = \gamma \times Q^\mu - C \times Q \times (1-P) \qquad 式（7-2）$$

$$U_L = \gamma \times Q^\mu - C \times Q \times P \qquad 式（7-3）$$

$$Q = Q_r - \alpha \times P \qquad 式（7-4）$$

我们将此博弈过程看成一个三步的动态博弈：

第一步，地方政府在农村职业教育财政投入的责任中承担的比例由中央政府所确定；

第二步，地方政府接受中央政府所确定的比例，并进而确定上报的中职学生的数量；

第三步，决策行为的结果产生。

其中，中央政府获得的收益：

$$U_S = \gamma \times Q^\mu - C \times Q \times (1-P) \qquad 式（7-5）$$

地方政府获得的收益：

$$U_L = \gamma \times Q^\mu - C \times Q \times P \qquad 式（7-6）$$

博弈过程结束。

采用动态博弈的逆向归纳法求博弈解：

地方政府为追求自身利益的最大化，根据中央政府确立的分担比例决定一个合理的上报学生数量，使得：

$$\max U_L = \gamma \times Q^\mu - C \times Q \times P \qquad 式（7-7）$$

根据一阶优化条件可知，Q^* 必须满足：

$$\frac{\partial U_L(Q^*,P)}{\partial Q^*} = \mu \times \gamma \times (Q^*)^{\mu-1} - C \times P = 0$$

则有：$\mu \times \gamma \times (Q^*)^{\mu-1} - C \times P = 0$

可以得到：

$$(Q^*)^{\mu-1} = \frac{C \times P}{\mu \times \gamma} \qquad 式（7-8）$$

中央政府在知道地方政府会依据其制定的比率 P 而决定上报学生数 Q^* 时，则必将在第一步就决定一个更合理的支付比例 P^* 以满足：

$$\max U_S = \gamma \times (Q^*)^\mu - C \times Q^* \times (1-P^*) \qquad 式（7-9）$$

同样，由一阶优化条件可知：

$$\frac{\partial U_L(Q^*,P)}{\partial P^*} = \mu \times \gamma \times (Q^*)^{\mu-1} \times \left(\frac{\partial Q^*}{\partial P^*}\right) - C \times \left(\frac{\partial Q^*}{\partial P^*}\right) \times (1-P^*)$$
$$+ C \times Q^* = 0 \qquad 式（7-10）$$

已知存在：$Q = Q_r - \alpha \times P$

对 P 求导则有：

$$\frac{\partial Q}{\partial P} = \frac{\partial Q^*}{\partial P^*} = -\alpha \qquad 式（7-11）$$

因为 N^* 和 P^* 是上述效用函数的最优值，所以也和 N、P 一样满足函数的要求，而此时就有：

$$Q^* = Q_r - \alpha \times P^* \qquad 式（7-12）$$

将式（7-8）、式（7-11）、式（7-12）分别带入式（7-10）中，则有：

$$\mu \times \gamma \times \frac{C \times P^*}{\mu \times \gamma} \times (-\alpha) - C \times (-\alpha) \times (1-P^*)$$

$$+C \times (Q_r - \alpha \times P^*) = 0$$

$$C \times P^* \times (-\alpha) - C \times (-\alpha) \times (1 - P^*)$$

$$+C \times (Q_r - \alpha \times P^*) = 0$$

经过整理得：$3 \times P^* \times \alpha = Q_r + \alpha$

则：
$$P^* = \frac{Q_r + \alpha}{3\alpha} \qquad 式（7-13）$$

将式（7-13）代入式（7-8）求出：

$$Q^* = \left\{ \frac{C \times P}{\mu \times \gamma} \right\}^{\frac{1}{\mu-1}} = \left\{ \frac{C \times \frac{Q_r + \alpha}{3\alpha}}{\mu \times \gamma} \right\}^{\frac{1}{\mu-1}}$$

整理得：
$$Q^* = \left\{ \frac{\mu \times \gamma \times 3\alpha}{C \times (Q_r + \alpha)} \right\}^{(1-\mu)^{-1}} \qquad 式（7-14）$$

由此，我们分别求出了上级政府与下级政府的子博弈完美解：

$$(P^*, Q^*) = \left[\frac{Q_r + \alpha}{3\alpha}, \left(\frac{\mu \times \gamma \times 3\alpha}{C \times (Q_r + \alpha)} \right)^{(1-\mu)^{-1}} \right] \qquad 式（7-15）$$

7.3 责任机制实证分析

如果中央政府与地方政府能够按上述结果制定各自的比率 P 和 Q，那么双方可以在博弈过程中把自身的利益最大化，最终实现纳什均衡。通过子博弈的完美解可知地方政府比例 P 的敏感系数 α 对博弈的最终结果起到决定性作用。如果将 α 看作下级政府财政收入 T 以及其他因素 A 的一个函数。运用线性回归分析的方法就可寻找到一个 α 值可以相对合理地确定均衡的 P^* 值。

α 值的确定是一个相当困难的问题。因为影响 α 值的因素有很多，有些变量存在可收集到的数据，如下级政府的财政收入，而有些变量不存在可得性数据，比如政府官员的政绩观，甚至还存在一些未知变量因素对 α 的影响。另外，α 值确定需要一些实证数据来完成，而 α 作为敏感系数是要确定的值，实际当中很难获得。为了破解这一难题，利用已知的数据进行如下的尝试性实证分析。

首先假设一些有影响的不可得数据和未知因素对 α 的影响忽略不计。

由于 $P^* = \dfrac{Q_r + \alpha}{3\alpha}$，其中 P^* 为地方政府承担的中央政府确定的财政投入比例，通常认为 $0 \leqslant P^* \leqslant 1$。因此有 $0 \leqslant \dfrac{Q_r + \alpha}{3\alpha} \leqslant 1$，对该不等式进行推导求解。

当 $\alpha = 0$ 时，不等式没有意义，因此在推导不等式时就分为两种情况。

其一，当 $\alpha > 0$ 时，$\dfrac{Q_r + \alpha}{3\alpha} \leqslant 1 \Rightarrow Q_r + \alpha \leqslant 3\alpha \Rightarrow Q_r \leqslant 2\alpha \Rightarrow \dfrac{1}{2} Q_r \leqslant \alpha$；

$0 \leqslant \dfrac{Q_r + \alpha}{3\alpha} \Rightarrow Q_r + \alpha \geqslant 0 \Rightarrow \alpha \geqslant -Q_r$ 由于 Q_r 代表学生的真实数量，就是实际在校生人数，Q_r 肯定是一个正整数。因此当 $\alpha > 0$ 时，$\alpha \geqslant \dfrac{1}{2} Q_r$ 是不等式 $0 \leqslant \dfrac{Q_r + \alpha}{3\alpha} \leqslant 1$ 的取值范围。

其二，当 $\alpha < 0$ 时，$\dfrac{Q_r + \alpha}{3\alpha} \leqslant 1 \Rightarrow Q_r + \alpha \geqslant 3\alpha \Rightarrow 2\alpha \leqslant Q_r \Rightarrow \alpha \leqslant \dfrac{1}{2} Q_r$；

$0 \leqslant \dfrac{Q_r + \alpha}{3\alpha} \Rightarrow Q_r + \alpha \leqslant 0 \Rightarrow \alpha \leqslant -Q_r$，因此当 $\alpha < 0$ 时，$\alpha \leqslant -Q_r$ 是不等式 $0 \leqslant \dfrac{Q_r + \alpha}{3\alpha} \leqslant 1$ 的取值范围。

通过上述推导分析，α 的取值范围得到确定，同时发现 α 的取值与在校学生的数量有关系，与在校生人数形成一定的倍数关系，因此可以假定 $\alpha = G \times Q_r$，G 为 Q_r 的系数，当 α 的取值范围为 $\alpha \geqslant \dfrac{1}{2} Q_r$ 时，$G \geqslant 1/2$；当 α 的取值范围为 $\alpha \leqslant -Q_r$ 时，则 $G \leqslant -1$。通过以上分析就可以将求解 α 的问题转换成与在校生人数相关的问题，通过查阅相关统计年鉴，获取历年在校中职生人数的数据及其他相关因素数据。进而建立起在校生人数与其影响因素的回归模型，通过回归分析，可以找出影响在校生人数的系数，其系数在 $G \geqslant 1/2$ 或 $G \leqslant -1$ 范围内有效。

根据长期的经验观察与变量的相关分析，筛选出能够获得的数据并且能够影响变量的因素包括人均地方财政收入、人均国内生产总值、中等职业教育学生生均预算内教育事业费、地区预算内财政收入占全国预算收入比例、地方教育支出比例，分别用 RJCZSR、RJGDP、ZZSJYF、DFSRB、DFJZCB 来表示，其在校生人数用 ZXSRS 来表示，年份用 NF 来表示。

搜集获得的重庆市相关数据如表 7-1 所示。

表 7-1 2003—2012 年重庆市农村职业教育在校生人数及其相关影响因素数据

NF	ZXSRS（人）	RJCZSR（元）	RJGDP（元）	ZZSJYF（元）	DFSRB	DFJZCB
2003	298 860	1 090.31	1 242	9 098	0.02	0.11
2004	321 831	1 472.41	1 269	10 845	0.02	0.10
2005	308 194	1 833.90	1 497	12 404	0.02	0.10
2006	359 635	2 320.10	1 661	13 939	0.02	0.11
2007	389 803	3 267.98	2 765	16 629	0.02	0.11
2008	426 955	3 961.20	3 006	20 490	0.02	0.11
2009	425 270	4 687.36	3 135	22 920	0.02	0.11
2010	391 601	9 006.10	3 667	27 596	0.03	0.09
2011	379 534	10 582.14	4 917	34 500	0.03	0.08
2012	367 467	11 364.28	6 332	38 914	0.03	0.08

资料来源：重庆市统计年鉴（1994—2013）、中国教育年鉴（2004—2013）、中国统计年鉴（2004—2013）。

表 7-2 2003—2012 年重庆市农村职业教育在校生人数
及其相关影响因素转换成自然对数形式

NF	ZXSRS（y）	RJDCSR（x_1）	RJGDP（x_2）	ZZSJYF（x_3）	DFSRB（x_4）	DFJZCB（x_5）
2003	12.61	6.99	7.12	9.12	−4.11	−2.21
2004	12.68	7.29	7.15	9.29	−4.08	−2.28
2005	12.64	7.51	7.31	9.43	−4.07	−2.33
2006	12.79	7.75	7.42	9.54	−4.05	−2.23
2007	12.87	8.09	7.92	9.72	−3.97	−2.20
2008	12.96	8.28	8.01	9.93	−3.90	−2.24
2009	12.96	8.45	8.05	10.04	−3.87	−2.25
2010	12.88	9.11	8.21	10.23	−3.69	−2.44
2011	12.85	9.27	8.50	10.45	−3.56	−2.52
2012	12.81	9.34	8.75	10.57	−3.58	−2.53

资料来源：由表 7-1 计算整理得到。

地方所占的比例、地方教育支出比例对在校生人数的影响有些类似于一系列的投入带来的"产出"，因此，这里设立的函数形式为生产函数形式：

$$Y_i = a \times x_{1i}^{b_1} x_{2i}^{b_2} x_{3i}^{b_3} x_{4i}^{b_4} x_{5i}^{b_5} \qquad 式（7-16）$$

将式（7-16）进行等式两边取对数处理（变量数据值见表7-2），可以得到：

$$\ln Y_i = \ln a + b_1 \ln x_{1i} + b_2 \ln x_{2i} + b_3 \ln x_{3i} + b_4 \ln x_{4i} + b_5 \ln x_{5i} + \mu_i$$
$$式（7-17）$$

由于影响在校生人数的各个因素一般是共同发生作用产生最终的影响结果，因此本研究将对式（7-17）进行估计，利用逐步回归的方法对没有通过 t 检验的变量进行剔除，最后得出反映正确影响程度的方程形式。

在生产函数中，各指数之和代表了生产规模的变化带来的产出变化程度，这里将各个因素的影响系数加总，使得 G 值等于 $b_1+b_2+b_3+b_4+b_5$，进而确定 α 值，得出地方政府在农村职业教育中投入的比例。因此，只要上述回归模型具有统计学意义，同时其系数在一定概率检验下，也具有统计学意义，（$b_1+b_2+b_3+b_4+b_5$）所形成的 G 值才有意义。运用 SPSS17.0 软件强制置入所有自变量数据（x_1、x_2、x_3、x_4、x_5）和因变量数据 y（表7-2）。其回归分析结果如表7-3、表7-4、表7-5所示。

表7-3　最终模型拟合优度检验表

模型	R	R^2	Adjusted R^2	估计值的标准误差
1	0.985	0.970	0.933	0.032

注：Predictors：(Constant)，DFJZCB，DFSRB，RJDCSR，ZZSJYF，RJGDP。

表7-4　方差分析

模型		平方和	自由度	均方	F检验值	显著性
1	回归	0.137	5	0.027	26.163	0.004（a）
	残差	0.004	4	0.001		
	总和	0.141	9			

注：①Predictors：(Constant)，DFJZCB，DFSRB，RJDCSR，ZZSJYF，RJGDP。
②Dependent Variable：ZXSRS。

从表 7 - 3 可以看出 R 为 0.985，可见人均地方财政收入、人均 GDP、中职生均预算内教育事业费、地区预算内财政收入占全国的比例、地方教育支出比例与中职在校生人数线性回归关系密切。R^2 为 0.970，说明模型的拟合度较好。从表 7 - 4 可以看出 F 检验概率为 0.004，表明多元回归方程通过了 F 检验，具有较强统计学意义。从表 7 - 5 可以看出回归方程的系数 b_5 和常数项的 t 检验的概率小于 0.1，统计学意义显著；b_2 和 b_3 的 t 检验概率接近 0.1，具有一定的统计学意义。其他两个系数 b_1 和 b_4 的 t 检验概率分别为 0.415 和 0.645，从统计学来讲没有意义。

表 7 - 5　回归系数

模型		非标准化回归系数		标准化回归系数	t	显著性
		B	标准误差	Beta		
1	(Constant)	13.084	2.706		4.836	0.008
	RJDCSR	0.107	0.118	0.716	0.909	0.415
	RJGDP	−0.261	0.136	−1.192	−1.918	0.128
	ZZSJYF	0.476	0.254	1.881	1.878	0.134
	DFSRB	0.187	0.377	0.313	0.497	0.645
	DFJZCB	1.319	0.251	1.342	5.260	0.006

注：Dependent Variable：ZXSRS。

为了进一步检验是否还有其他因素对农村职业教育在校生具有较强的影响，将 RJDCSR（x_1）和 DFSRB（x_4）两个具有较高检验概率的变量剔除掉，然后将其余的三个自变量（x_2、x_3、x_5）与因变量农村职业教育在校生人数（y）做回归分析。即构建如下回归模型：

$$\ln Y_i = \ln a + b_2 \ln x_{2i} + b_3 \ln x_{3i} + b_5 \ln x_{5i} + \mu_i \qquad 式（7-18）$$

仍然以强制置入变量的方法，应用 SPSS17.0 软件进行回归分析，结果如表 7 - 6、表 7 - 7、表 7 - 8 所示。

表 7 - 6　最终模型拟合优度检验表

模型	R	R^2	Adjusted R^2	估计值的标准误差
1	0.979	0.958	0.937	0.031

注：Predictors：(Constant)，DFJZCB，ZZSJYF，RJGDP。

表 7-7　方差分析

模型		平方和	自由度	均方	F 检验值	显著性
1	Regression	0.135	3	0.045	45.620	0.000
	Residual	0.006	6	0.001		
	Total	0.141	9			

注：①Predictors：(Constant)，DFJZCB, ZZSJYF, RJGDP。

②Dependent Variable：ZXSRS。

从表 7-6 可以看出 R 为 0.979，可见人均 GDP、生均预算内教育事业费、地方教育支出比例和中等职业学校在校生人数有相关关系。其中调整后的 R^2 值为 0.937，大于式（7-17）中的调整后 R^2 值，这表示式（7-18）的拟合程度优于式（7-17）。同时，式（7-18）的剩余标准差为 0.031，小于式（7-17）的剩余标准差 0.032，表明式（7-18）构建的效果相对较好，再增加变量无统计学意义。从表 7-7 可知 F 的统计量为 45.62，F 检验的概率小于 0.01，表明 F 检验具有统计学意义，因此以 y 为因变量，以 x_2、x_3、x_5 为自变量所构成的多元线性回归模型具有统计学意义。从表 7-8 可以看出，变量 x_2 的系数即 $b_2 = -0.252$ 的 t 检验概率小于 0.08，表明该系数具有较好的统计学意义；变量 x_3 的系数即 $b_3 = 0.699$ 的 t 检验概率为 0.004，小于 0.01，表明该系数具有很强的统计学意义。变量 x_5 的系数即 $b_5 = 1.197$ 的 t 检验概率小于 0.01，表明该系数具有很强的统计学意义；在进行因变量增减变化对自变量影响程度分析时，尽管常数项可以忽略不计，但常数项的 t 检验概率小于 0.01，具有非常强的统计学意义。

表 7-8　回归系数

模型		非标准化回归系数		标准化回归系数	t	显著性
		B	标准误差	Beta		
1	(Constant)	10.695	0.430		24.859	0.000
	RJGDP	−0.252	0.119	−1.149	−2.126	0.078
	DFSRB	0.699	0.151	2.758	4.612	0.004
	DFJZCB	1.197	0.145	1.218	8.241	0.000

注：Dependent Variable：ZXSRS。

通过上述分析，变量 x_2、x_3、x_5 的系数在 0.08 的概率水平上，通过了 t 检验，客观上来讲，系数 b_2、b_3、b_5 具有统计学意义。当变量 x_2、x_3、x_5 各增减 1 单位时，自变量 y 的变化程度是增减为 $b_2+b_3+b_5$，即 $-0.252+0.699+1.197=1.644$。表明 G 值为 1.644，满足 $G>1/2$ 的条件。将 $G=1.644$ 代入 $\alpha=G\times Q_r$，则 $\alpha=1.644\times Q_r$。

再把 $\alpha=-4.648\times Q_r$ 代入 $P^*=\dfrac{Q_r+\alpha}{3\alpha}$，则有：

$$P^*=\frac{Q_r+(1.644\times Q_r)}{3\times(1.644\times Q_r)}=\frac{2.648\times Q_r}{4.932\times Q_r}=53.69\%\quad 式（7-19）$$

所以重庆市对农村职业教育的财政投入的比例为 53.69%。对这个比例产生主要影响的因素包括人均 GDP、农村职业教育生均预算内教育事业费和地方教育支出比例。当然这个比例只是在若干假设条件下的一种探讨。实际情况可能大于这个比例，也可能小于这个比例。主观上认为有些因素是影响 α 值的，但是由于计量方法或者其他原因导致这一影响因素产生的影响变弱或者消失，同时，各种影响因素未必同时发挥作用，在时间上可能有一个先后顺序，这些现实情况的存在，极有可能使我们统计分析的比例发生变化。

7.4 小结

本章以政府为理性人、中央政府控制地方政府投入的比例、地方政府拥有真实的学生信息为基本假设条件，设定博弈分析理论模型。通过博弈模型的构建，推导出子博弈完美纳什均衡解。以重庆市 2003—2012 年相关的可统计的指标为样本数据，将 α 转换成 Q_r 代数模式进行了有意义的定量分析。认为重庆市作为地方政府对农村职业教育财政责任承担的比例为 53.69%。将博弈过程看成一个三步的动态博弈过程，求出了上级政府与下级政府的子博弈完美解：

$$(P^*,Q^*)=\left[\frac{Q_r+\alpha}{3\alpha},\left(\frac{\mu\times\gamma\times 3\alpha}{C\times(Q_r+\alpha)}\right)^{(1-\mu)^{-1}}\right]\quad 式（7-20）$$

根据长期的经验观察与变量的相关分析，筛选出能够获得的数据并且能够影响变量的因素包括人均地方财政收入、人均国民生产总值、中等职业教育学生生均预算内教育事业费、地区预算内财政收入占全国预算收入比例、地方教育支出比例等指标。分析得出：人均地方财政收入、人均 *GDP*、中职生均预算内教育事业费、地区预算内财政收入占全国的比例、地方教育支出比例与中职在校生人数线性回归关系密切。人均 *GDP*、生均预算内教育事业费、地方教育支出比例和中等职业学校在校生人数有相关关系。重庆市对农村职业教育的财政投入比例为 53.69%。

第8章 | 农村职业教育财政投入评价机制

8.1 农村职业财政投入评价研究现状

从改革开放至今，我国的农村职业教育经历了 40 多年的探索与发展，经历了以中等职业教育为主的初创期（1978—1990 年）、注重"三教统筹"和法治化的成长期（1991—1999 年）、各类职业教育培训和资助力度增加的改善期（2000—2012 年）和新型城镇化建设的完善期（2013 至今）。我国的农村职业教育在这四个阶段的发展中取得了一定的成绩，这些成绩也奠定了我国农村职业教育的实践基础。

学者们对于农村职业教育的研究大多基于农村经济社会发展需求的国家级战略，例如，精准扶贫战略、城镇化战略、乡村振兴战略等。在这些不同国家战略下，农村职业教育的功能定位和价值取向也相应地发生了变化。陈鹏和王晓利（2013）在精准扶贫的策略下分析了农村职业教育的独特定位与功能定向；任聪敏和石伟平（2013）、卢峰（2018）都思考了城镇化进程中农村职业教育的新型定位与发展策略，其中卢峰（2018）更进一步针对办学区域、教育对象、产业调整等方面的变化，从宏观方面、中观方面、微观方面重新对农村职业教育进行了定位；马建富和郭耿玉（2018）根据乡村振兴战略的思想，分析了农村职业教育培训的功能定位及相关的支撑策略。

在此基础上，学者们进一步研究了精准扶贫战略、新型城镇化战略以及乡村振兴战略下的我国农村职业教育中遇到的问题和发展的思路。

8.1.1 精准扶贫战略下的农村职业教育

唐智彬和刘青（2016）针对湖南武陵山片区确立发展面向精准扶贫战略的定向农村职业教育的基本思路指出，贫困地区主要是穷在教育，因此，扶贫需先扶教，应重点发展农村职业教育；许媚（2016）指出，农村职业教育对实现精准脱贫具有重要的现实意义，同时，她审视了我国在精准扶贫下农村职业教育中存在的问题，并以此提出了相关的发展路径；张翊（2019）指出，农村职业教育不仅能提供人才支撑，而且有助于提升"精准扶贫"的精准度，现存的农村职业教育与社会需求脱节，资源整合度过低，对此政府应发挥责任，同时也倡导引入多元化的投资方式。

8.1.2　城镇化进程中的农村职业教育

李梦卿和张欢（2014）认为我国农村社会在由农业文明向农工文明发展的过程中，农村职业教育也出现了由农业化向城镇化演进的趋势。张胜军和马建富（2016）结合农村职业教育的发展现实和学界的不同声音，讨论了城镇化进程中的农村职业教育是否要城镇化、我们需要怎样的农村职业教育，以及如何发展这样的职业教育等问题。卢峰（2018）认为面对中国城镇化发展的特征与趋势，农村职业教育应该从办学体制、教育内容、教育模式、教育内涵、城乡职教统筹等几个方面进行转型。马宽斌和秦福利（2021）指出，边远地区的教育仍然存在生源质量差、数量不足、教育资源匮乏、结构不合理、供给能力弱、教育效益低等问题，在城镇化的背景下，农村职业教育需要顺应时代要求。

8.1.3　农村职业教育财政投入评价

关于农村职业教育的财政管理研究较少，雷世平和姜群英（2015）在我国农村职业教育发展不均衡的背景下，讨论了公共财政视域下的农村职业教育供给问题；王凤羽（2015）以中央政府和地方政府构建博弈分析的理论模型，推导出子博弈完美纳什均衡解，并以重庆市的相关统计指标为样本数据进行有意义的定量分析；王凤羽等（2017）以及王凤羽和冉陆荣（2019）运用边际理论分析了农村职业教育财政投入最优结构，并以重庆市为例进行农村职业教育投入最优结构实证，分析了农村职业教育财政投入各部分的产出弹性与贡献份额。

在乡村振兴等各项国家级战略下，将地方政府的财政支出与农村职业教育人才培养目标的新定位有机整合起来，能够促进农村的产业兴旺，实现农民的生活富裕。因此，构建农村职业教育财政的评价指标，是了解我国农村职业教育各方面发展程度的重要依据，也是我国农村职业教育发展的重要依据。我国目前的教育系统评价主要分为两个层次，第一个层次是对义务教育的质量评价，第二个层次是对高等教育的质量评价，而对于农村职业教育财政的评价目前还没有统一规范的评价体系。

当前对于农村职业教育的评价指标的研究涉及较少，不能充分反映当下农村职业教育的发展规律，同时也难以满足当前农村经济发展的需要。祁占勇和王羽菲（2020）运用德尔菲法和层次分析法从发展环境、教育保障度、教育统筹度、培养质量度、社会贡献度五个维度建构了农村职业教育现代化指标体系。张旭刚（2020）从评价标准、评价导向、评价机制、评价方式方法等方面，构建以 CIPP "四个阶段、五度一体" 为导向的农村职业教育产教融合质量评价指标体系，引领和促进农村职业教育产教深度融合高质量发展，助推乡村振兴。另外，对于职业教育财政投入的评价，学者们通常利用因子分析法和数据包络法等统计分析方法来构建职业教育财政投入的相关评价指标体系。例如，辛斐斐（2011）利用因子分析法，对职业教育财政支出绩效评价体系构建了模型，对江苏省 14 个城市的职业教育财政支出绩效进行了实证研究；金荣学等（2017）将因子分析和数据包络分析相结合构造评价模型，评价湖北省 39 所高等职业院校的绩效；陈婉琳（2016）利用主成分分析和数据包络分析相结合的方法对基本覆盖我国各区域的 22 所骨干高职院校的财政投入效率进行评价。此外，罗红云等（2020）以 2008—2017 年省际面板数据为基础，运用 DEA‑Malmquist 指数三分法对我国职业教育的财政投入效率进行评价。

8.1.4　农村职业教育财政投入评价研究阐释

综上所述，近年来农村职业教育的研究虽然有了很大进展，但还有许多重要问题迫切需要解决：

当前的研究中针对农村职业教育的全国共性问题较多，且一些问题经过了重复的论证，而各省市农村经济发展不均衡，农村职业教育的财政投入力度和教育的发展情况也大不相同，文献中针对不同地域的个性化问题涉及较少。

针对农村职业教育的研究大部分集中在定性分析和宏观的对策建议

上，而通过数学建模与分析的定量研究还很少，尤其是农村职业教育财政投入的评价，特别缺乏构建有效的数学模型与分析方法。因此，发展农村职业教育系统财政投入评价的定量分析方法以及数学模型是农村职业教育目前迫切需要开展的重要研究课题。

本研究在上述研究成果的基础上，将农村职业教育财政投入系统建模为一个具有两类顾客的 M/M/1/N 排队系统，基于此模型，不仅计算了在稳态下该系统的一系列技术评价指标，还进一步利用马氏报酬过程，以地方政府收益最大化为导向，提供了农村职业教育系统财政投入的一些重要评价指标。

8.2　农村职业教育财政投入评价机理

8.2.1　排队论的基本内涵

排队论是研究随机服务系统的一门学科，是运筹学的一个分支。排队论的基本思想是由丹麦数学家、电气工程师爱尔朗在 1909 年将概率论应用于自动电话设计问题中，从而开创了排队论这一应用数学科学，并且为排队论建立了许多基本的原则。排队是社会活动、生产过程以及科学研究中常常见到的现象。排队论就是通过对顾客的到达和服务时间的统计研究，根据等待时长、排队长度等数据统计出规律，然后根据统计出的规律对服务系统进行改进，最终让服务系统不仅可以满足顾客需求，同时也能使服务机构的效益最大化。

排队论的主要研究内容，第一是利用统计数据建立数学模型进行推断；第二是研究系统的性态，也就是研究与排队有关的指标的概率问题；第三是研究如何使系统运行效率达到最优的问题。研究排队问题能让各个系统在运行时达到最优效果，从而使效益达到最大化。研究各类排队系统的统计规律性就是排队系统的性态问题。排队系统规律的研究主要集中在队长分布、等待时间分布、系统忙期分布等方面，对这些参数的研究还包括瞬时状态和稳定状态的讨论。

排队论的核心内容是排队系统的性态问题，同时性态问题也是排队系统进行推断的基础，从实用角度来讲，人们更关心统计平衡条件下排队系统的状态，而对于系统的瞬时状态，通常只讨论简单的情况。

8.2.2 排队系统的主要评价指标

研究排队系统问题的主要目的是研究其运行效率，考核服务质量，以便据此提出改进措施。对于排队系统的研究来说，人们往往很关心系统中的一些数量技术指标，如表 8-1 和表 8-2 所示。

表 8-1 顾客关注的数量指标

指标	定义
到达率	单位时间内到达系统的顾客数的期望值，即单位时间内顾客的平均到达率，记作 λ，而 $1/\lambda$ 表示相邻两个顾客到达的平均间隔时间。
服务率	单位时间内服务顾客数的期望值，即单位时间内顾客的平均离去率，记作 μ，而 $1/u$ 表示每个顾客的平均服务时间。
有 n 个顾客的概率	在时刻 t 系统中恰有 n 个顾客的概率 $p_n(t)$，$p_0(t)$ 为系统的空闲率。
队长	系统内的平均顾客数，即正在接受服务的顾客与排队等候的顾客数之和，也称为队长，记作 L。通常需求队长的分布和前二阶矩。
等待队长	系统内排队等待的平均顾客数成为等待队长，记为 L_q。等待队长与队长的区别是等待队长不包括正在接受服务的顾客数。
平均逗留时间	顾客从进入系统到接受完服务后，离开系统的平均时间称为顾客在系统中花费的时间或平均逗留时间，记作 W。
平均等待时间	顾客在系统内排队等待的平均时间称为顾客花费在排队系统中的平均等待时间，一般记作 W_q。平均等待时间与平均逗留时间的关系是平均等待时间不包括接受服务所花费的时间。

表 8-2 服务机构关注的数量指标

指标	定义
绝对通过能力	单位时间内被服务完顾客数的平均值为系统的绝对通过能力。
相对通过能力	单位时间内被服务完顾客数与请求服务顾客数之比称为系统的相对通过能力。
忙期	空闲的服务机构从有顾客到达时起一直到服务机构没有顾客时为止，这段时间称为忙期。
闲期	服务机构从开始没有顾客时起一直到服务机构有顾客时为止这段时间称为闲期。闲期与忙期是相对应的。
繁忙期	对于有 n 个服务台系统，从系统中开始有 k 个顾客在等待服务时起，一直到有一个服务台空闲时为止这段时间称为系统的 k 阶繁忙期。而零阶繁忙期又称为繁忙期。
损失率	在损失制的排队系统中，系统满员概率称为系统的损失率。

评价一个排队系统，需要考虑两个方面的利益。一方面，顾客希望在系统中花费的时间越少越好，所以顾客就希望服务台的个数越多越好；但是从服务机构的角度来说，服务台数量增加就会增加其成本，如果服务台过多就会导致资源的浪费；因此需要增加多少服务台既能满足顾客的需求同时又能控制服务机构的成本，不至于造成资源浪费，这是人们迫切需要解决的问题。因此在排队系统中，顾客和服务机构为了自己利益的最大化，都关心排队系统中的以上主要指标（表 8-1、表 8-2）。而对于其中的忙期、闲期、k 阶繁忙期通常我们注重讨论其的分布以及前二阶矩。

以上这些参量是一般排队系统的主要技术指标，但在实际应用中，还可能需要更多的技术指标参量，而且对于不同的排队系统和不同的应用环境对各种技术指标的关注程度，技术指标的重要性程度也是不相同的，有时甚至是没有意义的。在农村，职业教育系统与常见领域中的排队系统不同，由于教育的特殊性，不是越快完成学习越好，学生在系统中的学习时间（服务时间）不是我们重点要去关注和优化的指标，我们更关注系统中各类学生（顾客）规模和系统的服务能力。

8.2.3　拟生灭过程

拟生灭过程，也叫作 QBD 过程，是经典生灭过程从一维状态空间到多维状态空间的推广。其无穷小生成元可写成下列分块三对角形式：

$$Q = \begin{pmatrix} A_1^{(0)} & A_0^{(0)} & & & & \\ A_2^{(1)} & A_1^{(1)} & A_0^{(1)} & & & \\ & \ddots & \ddots & \ddots & & \\ & & A_2^{(N)} & A_1^{(N)} & A_0^{(N)} \\ & & & A_2^{(N+1)} & A_1^{(N+1)} \end{pmatrix} \qquad 式（8-1）$$

下面针对这个不可约的、连续时间、有限水平的 QBD 过程，构建 LU 型和 UL 型的 RG 分解。

(1) LU 型 RG 分解

针对式（8-1）中给出的具有 $N+2$ 个水平的不可约 QBD 过程，记 U 测度为：

$$\overline{U}_0 = A_1^{(0)},$$

$$\overline{U}_k = A_1^{(k)} + A_2^{(k)}\overline{U}_{k-1}^{-1}A_0^{(k-1)}, \ 1 \leqslant k \leqslant N+1; \qquad \text{式 (8-2)}$$

R 测度为

$$\overline{R}_1 = A_2^{(1)}(-\overline{U}_0^{-1}),$$

$$\overline{R}_{k+1} = -A_2^{(k+1)}[\overline{R}_kA_0^{(k-1)} + A_1^{(k)}]^{-1}, \ 1 \leqslant k \leqslant N; \qquad \text{式 (8-3)}$$

G 测度为

$$\overline{G}_0 = (-\overline{U}_0^{-1})A_0^{(0)},$$

$$\overline{G}_k = -[A_1^{(k)} + A_2^{(k)}\overline{G}_{k-1}]^{-1}A_0^{(k)}, \ 1 \leqslant k \leqslant N. \qquad \text{式 (8-4)}$$

因此，容易得到该 QBD 过程的 LU 型 RG 分解为

$$\boldsymbol{Q} = (I - \overline{R}_L)\,\overline{U}_D(I - \overline{G}_U) \qquad \text{式 (8-5)}$$

其中

$$\overline{R}_L = \begin{pmatrix} 0 & & & & \\ \overline{R}_1 & 0 & & & \\ & \ddots & \ddots & & \\ & & \overline{R}_N & 0 & \\ & & & \overline{R}_{N+1} & 0 \end{pmatrix}, \ \overline{G}_U = \begin{pmatrix} 0 & \overline{G}_0 & & & \\ & 0 & \overline{G}_1 & & \\ & & \ddots & \ddots & \\ & & & 0 & \overline{G}_N \\ & & & & 0 \end{pmatrix},$$

$$\overline{U}_D = \text{diag}(\overline{U}_0, \overline{U}_1, \cdots, \overline{U}_N, \overline{U}_{N+1})$$

(2) UL 型 RG 分解

类似地，记 U 测度为

$$U_{N+1} = A_1^{(N+1)}$$

$$U_k = A_1^{(k)} + A_0^{(k)}(-U_{k+1}^{-1})A_2^{(k+1)}, \ 0 \leqslant k \leqslant N \qquad \text{式 (8-6)}$$

R 测度为

$$R_N = A_0^{(N)}(-U_{N+1}^{-1})$$

$$R_k = -A_0^{(k)}[A_1^{(k+1)} + R_{k+1}A_2^{(k+1)}]^{-1}, \ 1 \leqslant k \leqslant N-1 \qquad \text{式 (8-7)}$$

G 测度为

$$G_{N+1} = (-U_{N+1}^{-1})A_2^{(N+1)}$$

$$G_k = -[A_0^{(k)}G_{k+1} + A_1^{(k)}]^{-1}A_2^{(k)}, \ 1 \leqslant k \leqslant N \qquad \text{式 (8-8)}$$

因此，容易得到该 QBD 过程的 UL 型 RG 分解为

$$\boldsymbol{Q} = (I - R_U)U_D(I - G_L) \qquad \text{式 (8-9)}$$

其中

$$R_U = \begin{bmatrix} 0 & R_0 & & & \\ & 0 & R_1 & & \\ & & \ddots & \ddots & \\ & & & 0 & R_N \\ & & & & 0 \end{bmatrix}, \quad G_L = \begin{bmatrix} 0 & & & & \\ G_1 & 0 & & & \\ & \ddots & \ddots & & \\ & & G_N & 0 & \\ & & & G_{N+1} & 0 \end{bmatrix},$$

$$U_D = \mathrm{diag}(U_0, U_1, \cdots, U_N, U_{N+1})$$

很容易验证 U_k 是一个马氏链的无穷小生成元，该马氏链有 m_k 个状态，$0 \leqslant k \leqslant N+1$。马氏链 U_k 也是瞬态的，因此矩阵 U_k 对于所有 $k \geqslant 1$ 都是可逆的；当且仅当马氏链 Q 是常返的（或瞬态的），马氏链 U_0 也是常返的（或瞬态的）。

(3) 稳态概率向量

令 $\pi = (\pi_0, \pi_1, \cdots, \pi_N, \pi_{N+1})$ 是连续时间马氏过程 Q 的稳态概率向量，利用 LU 型 RG 分解可得：

$$\begin{aligned} \pi_k^{(LU)} &= \kappa \upsilon_{N+1} \overline{R}_{N+1} \overline{R}_N, \cdots, \overline{R}_{k+1}, 0 \leqslant k \leqslant N, \\ \pi_{N+1}^{(LU)} &= \kappa \upsilon_{N+1} \end{aligned} \qquad 式（8-10）$$

其中，K 是一个正则化常数，υ_{N+1} 是删失链 $\overline{U}_{N+1} = A_1^{(N+1)} + \overline{R}_{k+1} A_0^{(N)}$ 到水平 $N+1$ 的稳态概率向量。

利用 UL 型 RG 分解可得：

$$\begin{aligned} \pi_0^{(UL)} &= \varphi \upsilon_0, \\ \pi_k^{(UL)} &= \varphi \upsilon_0 R_0 R_1 \cdots R_{k-1}, 1 \leqslant k \leqslant N+1, \end{aligned} \qquad 式（8-11）$$

其中，φ 是一个正则化常数，υ_0 是删失链 $U_0 = A_1^{(0)} + R_0 A_2^{(1)}$ 到水平 0 的稳态概率向量。

(4) 逆矩阵

对于具有有限水平的不可约 QBD 过程，根据式（8-9）可得：

$$\boldsymbol{Q}^{-1} = (I - R_U)^{-1} U_D^{-1} (I - G_L)^{-1} \qquad 式（8-12）$$

令

$$X_k^{(l)} = R_l R_{l+1} \cdots R_{l+k-1}, 0 \leqslant l \leqslant N, 1 \leqslant k \leqslant N+1,$$

$$Y_k^{(l)} = G_l G_{l-1} \cdots G_{l-k+2}, 1 \leqslant k \leqslant l \leqslant N+1.$$

则

$$(I-R_U)^{-1} = \begin{pmatrix} I & X_1^{(0)} & X_2^{(0)} & \cdots & X_{N+1}^{(0)} \\ & I & X_1^{(1)} & \cdots & X_N^{(1)} \\ & & I & \cdots & X_{N-1}^{(2)} \\ & & & \ddots & \vdots \\ & & & & I \end{pmatrix},$$

$$(I-G_L)^{-1} = \begin{pmatrix} I & & & & \\ Y_1^{(1)} & I & & & \\ Y_2^{(2)} & Y_1^{(2)} & I & & \\ \vdots & \vdots & \ddots & \ddots & \\ Y_{N+1}^{(N+1)} & Y_N^{(N+1)} & \cdots & Y_1^{(N+1)} & I \end{pmatrix},$$

且

$$U_D^{-1} = \mathrm{diag}(U_0^{-1}, U_1^{-1}, \cdots, U_N^{-1}, U_{N+1}^{-1})$$

8.3 模型描述

农村的职业教育具有公共产品的属性，可以为系统中的所有农村适龄学生提供服务。因此，在本节中，我们将农村职业教育系统建模为一个具有 1 个服务台和两类顾客的 M/M/1/N 排队系统，并进一步给出相关的系统结构、工作模式和数学符号。

农村职业教育系统：我们将农村职业教育系统中的资源（包括教育机构、财政经费、学习场地、师资力量等各种有形和无形的教育资源）视为一个虚拟的服务台。这个服务台可以提供两类服务：农村中等职业教育（普通中专、职业高中、技工学校）和高素质农民培训。由于农村职业教育的投资周期较长，所以我们假设一定时期内这个系统中能够容纳的学生总量为 N。

到达过程：由于农村学生决定接受职业教育会受很多因素影响，不一定都能够在正常开学时选择入学，为了推动农村职业教育的普及，政策允许农村适龄学生随时需要随时入学接受教育。农村适龄学生在进入农村职业教育系统前，会根据自身意愿和家庭情况选择接受中等职业教育还是高素质农民培训，因此，到达系统的学生可以分成两类：接受中等职业教育的学生和接受高素质农民培训的学生，假设这两类学生进入农村职业教育系统是到达率分别为 λ_1 和 λ_2 的泊松过程。

随着城镇化进程的加快，以及产业结构的战略性调整，对于新型农村劳动者进行中等职业教育的需求更为迫切，因此农村职业教育系统的容量应优先满足愿意接受中等职业教育的学生。如果农村职业教育系统的在校学生容量已满，则不能再接受新的学生进入系统。

服务过程：学生离开该系统，表示服务完成，但由于家庭负担重以及教育意识薄弱等原因，一些接受职业教育的在校学生可能会在完成学业之前就离开这个农村职业教育系统，直接到社会工作或回家务农。假设两类学生完成农村职业教育的服务时间分别是具有服务速率为 μ_1 和 μ_2 的指数分布，服务规则为先到先服务（FCFS）。

独立性：我们假设农村职业教育系统中的所有随机过程以及随机变量都是相互独立的。

为了便于理解，下面简单地描述农村职业教育系统及其运行模式和数学符号，如图 8-1 所示。

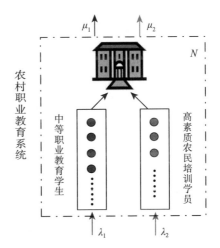

图 8-1　农村职业教育系统的运行模式

8.4　有限水平的 QBD 过程

在本节中，我们为农村职业教育系统建立一个具有有限水平、不可约的、连续时间 QBD 过程（拟生灭过程），并详细给出每个水平。进一步，通过 RG 分解推导出该 QBD 过程的稳态概率向量。

在农村职业教育系统中，设 $I(t)$ 和 $J(t)$ 分别为中等职业教育机构和高素质农民培训机构中的学生数，则 $(I(t), J(t))$ 被看作是农村职业教育系统在时刻 t 的状态。由于这个系统的容量应优先满足愿意接受中等职业教育的学生且能够容纳两类在校学生总量（N），可知 $0 \leqslant i \leqslant N$ 且 $0 \leqslant$

$j \leqslant N - i$。令状态 $(I(t), J(t))$ 的所有情况形成如下的状态空间：

$$\boldsymbol{\Omega} = \bigcup_{k=0}^{N} \boldsymbol{\Omega}_k \qquad\qquad \text{式 (8-13)}$$

其中，

$\boldsymbol{\Omega}_0 = \{(0,0), (0,1), \cdots, (0, N-2), (0, N-1), (0, N)\}$，

$\boldsymbol{\Omega}_1 = \{(1,0), (1,1), \cdots, (1, N-2), (1, N-1)\}$，

$\boldsymbol{\Omega}_2 = \{(2,0), (2,1), \cdots, (2, N-2)\}$，

$\vdots \qquad\qquad\qquad \vdots$

$\boldsymbol{\Omega}_{N-2} = \{(N-2, 0), (N-2, 1), (N-2, 2)\}$，

$\boldsymbol{\Omega}_{N-1} = \{(N-1, 0), (N-1, 1)\}$，

$\boldsymbol{\Omega}_N = \{(N, 0)\}$

设 $\boldsymbol{X}(t) = (I(t), J(t))$ 是时刻 t 的系统状态，则 $\{\boldsymbol{X}(t): t \geqslant 0\}$ 是状态空间 $\boldsymbol{\Omega}$ 上的一个具有有限水平的 QBD 过程，其状态转移关系如图 8-2 所示：

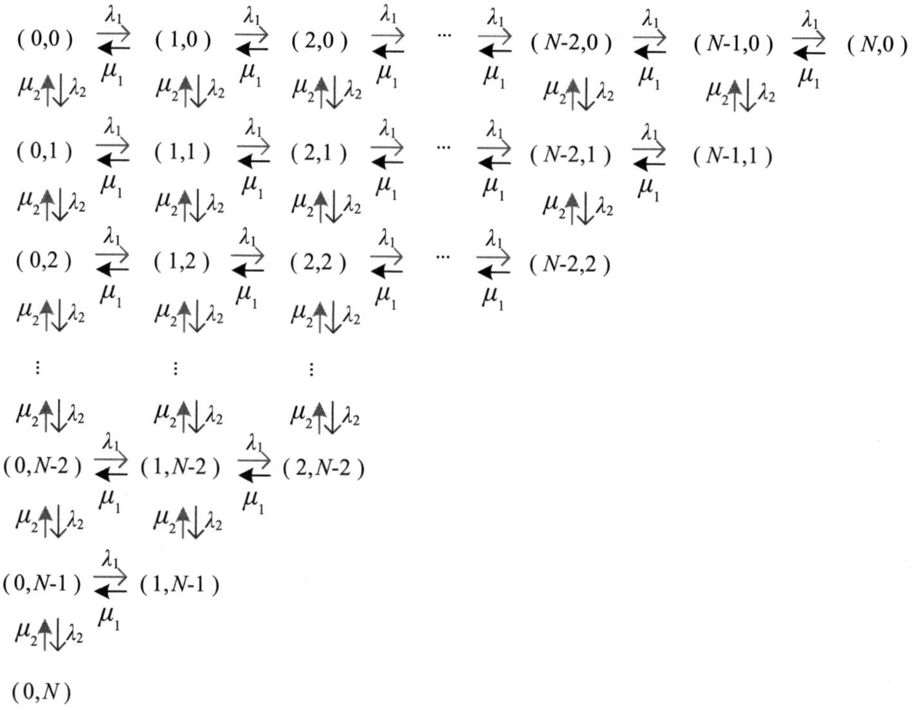

图 8-2　农村职业教育系统的状态转移关系

令子集 $\boldsymbol{\Omega}_k$ 为水平 k，$0 \leqslant k \leqslant N$，则水平 k 或子集 $\boldsymbol{\Omega}_k$ 中的每个元素都是一个相位。显然，QBD 过程 $\{\boldsymbol{X}(t), t \geqslant 0\}$ 的无穷小生成元为：

$$\boldsymbol{Q} = \begin{pmatrix} Q_{0,0} & Q_{0,1} & & & & \\ Q_{1,0} & Q_{1,1} & Q_{1,2} & & & \\ & Q_{2,1} & Q_{2,2} & Q_{2,3} & & \\ & \ddots & \ddots & \ddots & & \\ & & Q_{N-1,N-2} & Q_{N-1,N-1} & Q_{N-1,N} \\ & & & Q_{N,N-1} & Q_{N,N} \end{pmatrix} \qquad 式（8-14）$$

其中

$$Q_{0,0} =$$

$$\begin{pmatrix} -(\lambda_1+\lambda_2) & \lambda_2 & & & & \\ \mu_2 & -(\lambda_1+\lambda_2+\mu_2) & \lambda_2 & & & \\ & \mu_2 & -(\lambda_1+\lambda_2+\mu_2) & \lambda_2 & & \\ & \ddots & & \ddots & & \ddots \\ & & \mu_2 & -(\lambda_1+\lambda_2+\mu_2) & \lambda_2 \\ & & & \mu_2 & -(\lambda_1+\mu_2) \end{pmatrix}_{(N+1)\times(N+1)},$$

$$Q_{0,1} = \begin{pmatrix} \lambda_1 & & & & \\ & \lambda_1 & & & \\ & & \lambda_1 & & \\ & & & \ddots & \\ & & & & \lambda_1 \end{pmatrix}_{(N+1)\times N}$$

对于水平 $k=1,2,\cdots,N-2$，$Q_{k,k}$，$Q_{k,k-1}$ 和 $Q_{k,k+1}$ 具有相同形式但矩阵的维度不同，如式（8-15）所示：

$$Q_{k,k} = \begin{pmatrix} -(\lambda_1+\lambda_2+\mu_1) & \lambda_2 & & & & \\ \mu_2 & -\xi & \lambda_2 & & & \\ & \mu_2 & -\xi & \lambda_2 & & \\ & \ddots & \ddots & \ddots & & \\ & & \mu_2 & -\xi & \lambda_2 \\ & & & \mu_2 & -(\mu_1+\mu_2) \end{pmatrix}_{(N-k+1)\times(N-k+1)},$$

$$Q_{k,k-1} = \begin{bmatrix} \mu_1 & & & & \\ & \mu_1 & & & \\ & & \ddots & & \\ & & & \mu_1 & \\ & & & & \mu_1 & 0 \end{bmatrix}_{(N-k+1)\times(N-k+2)},$$

$$Q_{k,k+1} = \begin{bmatrix} \lambda_1 & & & \\ & \lambda_1 & & \\ & & \ddots & \\ & & & \lambda_1 \\ & & & & 0 \end{bmatrix}_{(N-k+1)\times(N-k)} \qquad 式（8-15）$$

其中，$\xi = \lambda_1 + \lambda_2 + \mu_1 + \mu_2$。

对于水平 $N-1$，有

$$Q_{N-1,N-1} = \begin{bmatrix} -(\lambda_1+\lambda_2+\mu_1) & \lambda_2 \\ \mu_2 & -(\mu_1+\mu_2) \end{bmatrix} \qquad 式（8-16）$$

$$Q_{N-1,N-2} = \begin{bmatrix} \mu_1 & \\ & \mu_1 \end{bmatrix}, \quad Q_{N-1,N} = (\lambda_1) \qquad 式（8-17）$$

对于水平 N，有

$$Q_{N,N-1} = (\mu_1, 0), \qquad\qquad 式（8-18）$$

$$Q_{N,N} = -\mu_1 \qquad\qquad 式（8-19）$$

令

$$\pi_{i,j}(t) = P\{\boldsymbol{X}(t) = (i,j)\}$$

则由图 8-2 可以看出，$\pi(t) = (\pi_0(t), \pi_1(t), \cdots, \pi_N(t))$

假设在初始时刻 $t=0$ 没有任务。因此 $\pi_0(0)=1$，即 $\pi(0)$ 是马氏链 $\boldsymbol{Q}$ 的初始概率向量，则在这种情况下，有 $\pi(0) = \{1,0,0,\cdots,0\}$

由于 $\dfrac{\mathrm{d}}{\mathrm{d}t}\pi(t) = \pi(t)\boldsymbol{Q}$

因此，由吕海燕的农村职业教育与新农村建设关系浅析（2011）可得：

$$\pi(t) = \pi(0)\exp\{\boldsymbol{Q}t\}. \qquad 式（8-20）$$

图 8-2 表示 QBD 过程 $\boldsymbol{Q}$ 是不可约的，并且具有有限状态。由于 $\boldsymbol{Q}e = \boldsymbol{0}$，QBD 过程 $\boldsymbol{Q}$ 正常返，因此存在极限 $\pi = \lim\limits_{t\to\infty}\pi(t)$，并有 $\pi\boldsymbol{Q} = \boldsymbol{0}$ 且 $\pi e = 1$，其中 e 是具有适当维度且所有元素为 1 的列向量。特别地，如

果 $\pi(0) = \boldsymbol{\pi}$ ，则对于所有 $t \geqslant 0$ ，$\pi(t) = \boldsymbol{\pi}$ 。

对于具有有限水平相依的 QBD 过程，RG 分解在求解线性方程组 $\boldsymbol{\pi}Q = \boldsymbol{0}$ 和 $\boldsymbol{\pi}e = \boldsymbol{1}$ 的计算中将起到重要的作用。下面使用 UL 型 RG 分解来计算稳态概率向量 $\boldsymbol{\pi}$ 。根据式（8-11），有限水平 QBD 过程有如下的 UL 型 RG 分解：

$$\boldsymbol{Q} = (I - R_U)U_D(I - G_L) \qquad \text{式（8-21）}$$

其中，

$$R_U = \begin{pmatrix} 0 & R_0 & & & \\ & 0 & R_1 & & \\ & & \ddots & \ddots & \\ & & & 0 & R_{N-1} \\ & & & & 0 \end{pmatrix}, \quad G_L = \begin{pmatrix} 0 & & & & \\ G_1 & 0 & & & \\ & \ddots & \ddots & & \\ & & G_{N-1} & 0 & \\ & & & G_N & 0 \end{pmatrix},$$

$$U_D = \mathrm{diag}(U_0, U_1, \cdots, U_{N-1}, U_N)$$

下面给出 U_D ，R_U 和 G_L 的详细计算过程。

U-测度为：

$$U_N = Q_{N,N} \qquad \text{式（8-22）}$$

$$U_k = Q_{k,k} + Q_{k-1,k}(-U_{k+1}^{-1})Q_{k,k+1}, \ 0 \leqslant k \leqslant N-1 \qquad \text{式（8-23）}$$

R-测度为：

$$R_{N-1} = Q_{N-1,N}(-U_N^{-1}) \qquad \text{式（8-24）}$$

$$R_k = -Q_{k,k+1}\left[Q_{k+1,k+1} + R_{k+1}Q_{k+1,k}\right]^{-1}, \ 1 \leqslant k \leqslant N-2 \qquad \text{式（8-25）}$$

G-测度为：

$$G_N = (-U_N^{-1})Q_{N-1,N} \qquad \text{式（8-26）}$$

$$G_k = -\left[Q_{k,k+1}G_{k+1} + Q_{k,k}\right]^{-1}Q_{k,k-1}, \ 1 \leqslant k \leqslant N-1 \qquad \text{式（8-27）}$$

基于上述计算，稳态概率向量为：

$$\pi_0 = \varphi v_0 \qquad \text{式（8-28）}$$

$$\pi_k = \varphi v_0 R_0 R_1 \cdots R_{k-1}, \ 1 \leqslant k \leqslant N \qquad \text{式（8-29）}$$

其中，φ 是一个正则化常数，

$$\varphi = 1 \Big/ \Big(I + \sum_{j=1}^{N} v_0 R_0 R_1 \cdots R_{j-1} \mathbf{e}\Big)$$

v_0 是删失链 $U_0 = Q_{0,0} + R_0 Q_{1,0}$ 到水平 0 的稳态概率向量，并有 $v_0 U_0 = \boldsymbol{0}$ 且 $v_0 e = 1$ 。

8.5 农村职业教育系统的技术性指标

在本部分中，我们将对农村职业教育系统进行性能分析，并根据排队系统的性质提供一些技术性指标。当农村职业教育系统达到平稳后，就可以计算系统中两类学生的规模和系统的服务能力等一系列评价指标体系，为地方政府对农村职业教育制定财政政策时提供一些科学依据。

（1）接受中等职业教育的平均学生数

当农村职业教育系统稳定时，即

$$I = \lim_{t \to +\infty} I(t)，J = \lim_{t \to +\infty} J(t) \qquad 式（8-30）$$

农村职业教育系统中，接受中等职业教育的学生数为 i 的概率为 $\sum_{j=0}^{N-i} \pi_{i,j}$，按照求均值定义，系统中接受中等职业教育的平均学生数为

$$E[I] = \sum_{i=0}^{N} i \sum_{j=0}^{N-i} \pi_{i,j} = \sum_{i=0}^{N} i\boldsymbol{\pi}_i\boldsymbol{e} \qquad 式（8-31）$$

（2）接受高素质农民培训的平均学员数

类似地，农村职业教育系统中，接受高素质农民培训的学员数为 j 的概率为 $\sum_{i=0}^{N} \pi_{i,j}$，按照求均值定义，系统初接受中等职业教育的平均学生数为

$$E[J] = \sum_{j=0}^{N-i} j \sum_{i=0}^{N} \pi_{i,j} = \sum_{j=0}^{N} j\boldsymbol{\pi}_j\boldsymbol{e} \qquad 式（8-32）$$

（3）农村职业教育系统的流失率

对于这个具有有限容量的农村职业教育系统来说，只有当系统状态 $\boldsymbol{X}(t) = (i,j)$ 且 $i+j = N$ 时，潜在的想接受农村职业教育的学生才会离开，因此，农村职业教育系统的流失率为

$$P_L = \sum_{k=0}^{N} \pi_{N-k,k} \qquad 式（8-33）$$

（4）单位时间内平均流失的学生数

当农村职业教育系统的容量已经饱和时，单位时间内想接受农村中等职业教育和高素质农民培训的平均流失学生数，分别记为 λ_{L_1} 和 λ_{L_2}，计算可得

$$\lambda_{L_1} = \lambda_1 P_L = \lambda_1 \sum_{k=0}^{N} \pi_{N-k,k} \qquad \text{式 (8-34)}$$

$$\lambda_{L_2} = \lambda_2 P_L = \lambda_2 \sum_{k=0}^{N} \pi_{N-k,k} \qquad \text{式 (8-35)}$$

（5）平均进入系统的学生数

记进入农村职业教育系统接受中等职业教育和高素质农民培训的平均学生数分别为 λ_{C_1} 和 λ_{C_2} ，计算可得

$$\lambda_{C_1} = \lambda_1(1-P_L) = \lambda_1\left(1-\sum_{k=0}^{N}\pi_{N-k,k}\right) \qquad \text{式 (8-36)}$$

$$\lambda_{C_2} = \lambda_2(1-P_L) = \lambda_2\left(1-\sum_{k=0}^{N}\pi_{N-k,k}\right) \qquad \text{式 (8-37)}$$

（6）农村职业教育系统的相对通过能力

单位时间内因毕业、退学等原因离开系统的学生数与希望接受农村职业教育的学生数之比（被服务完顾客数与请求服务顾客数之比），称为农村职业教育系统的相对通过能力。在农村职业教育系统中，中等职业教育机构和高素质农民培训机构的相对通过能力分别为 Q_1 和 Q_2 ，计算可得

$$Q_1 = \lambda_{C_1}/\lambda_1 \qquad \text{式 (8-38)}$$

$$Q_2 = \lambda_{C_2}/\lambda_2 \qquad \text{式 (8-39)}$$

（7）农村职业教育系统的绝对通过能力

单位时间内因毕业、退学等原因离开系统的学生数量的平均值（被服务完顾客的平均值），称为农村职业教育系统的绝对通过能力。在农村职业教育系统中，中等职业教育机构和高素质农民培训机构的绝对通过能力分别为 A_1 和 A_2 ，经计算可得

$$A_1 = \lambda_{C_1}Q_1 = \lambda_1\left(1-\sum_{k=0}^{N}\pi_{N-k,k}\right)^2 \qquad \text{式 (8-40)}$$

$$A_2 = \lambda_{C_2}Q_2 = \lambda_2\left(1-\sum_{k=0}^{N}\pi_{N-k,k}\right)^2 \qquad \text{式 (8-41)}$$

8.6　农村职业教育系统财政投入的评价指标

8.6.1　马氏报酬过程

上一部分中我们给出了农村职业教育系统的一些主要技术指标，但在

实际应用中，还需要更多的技术指标参量。本部分为上述的不可约的、连续时间 QBD 过程建立一个简单的报酬函数，分析农村职业教育系统的财政投入评价指标。

农村职业教育系统作为公共产品，一方面通过对学生进行职业教育获得了外部效用（社会效用），另一方面也需要支出教育经费成本以保证教育教学的顺利进行和教育质量的提高，从而实现农村职业教育系统的科学管理和高效运行。

由于 $f(x)$ 是状态 $\boldsymbol{X}(t) = x$ 时 QBD 过程 $\{\boldsymbol{X}(t), t \geqslant 0\}$ 的瞬时报酬，类似地，在农村职业教育系统中，$f(i,j)$ 是农村职业教育系统的某一时间的农村职业教育系统的净收益，由下式给出

$$f(i,j) = Y_1(i) + Y_2(j) - C_1(i) - C_2(j) \qquad \text{式 (8-42)}$$

其中，$Y_1(i)$ 和 $Y_2(j)$ 分别表示农村中等职业教育和农村高素质农民培训的社会收益，是关于在校学生数单调递增的凹函数；$C_1(i)$ 和 $C_2(j)$ 分别表示地方政府对农村中等职业教育和农村高素质农民培训的财政支出，是关于在校学生数单调递增的线性函数。通过观察公式（8-42）发现：随着在校学生人数的增加，地方政府的社会收益 $Y_1(i)$、$Y_2(j)$ 和教育经费支出 $C_1(i)$、$C_2(j)$ 将同步增加，反之亦然。因此，地方政府的总收益和总支出之间存在着一个折中。这促使本章从地方政府净收益的角度来研究农村职业教育系统的评价指标。

由图 8-2 和状态空间 $\boldsymbol{\Omega} = \boldsymbol{\Omega}_0 \bigcup \boldsymbol{\Omega}_1 \bigcup \cdots \bigcup \boldsymbol{\Omega}_N$ 可以看出，

$$\boldsymbol{f} = (\boldsymbol{f}_0^T, \boldsymbol{f}_1^T, \cdots, \boldsymbol{f}_N^T)^T \qquad \text{式 (8-43)}$$

其中，

$\boldsymbol{f}_0 = [f(0,0), f(0,1), \cdots, f(0,N-2), f(0,N-1), f(0,N)]^T$,

$\boldsymbol{f}_1 = [f(1,0), f(1,1), \cdots, f(1,N-2), f(1,N-1)]^T$,

$\boldsymbol{f}_2 = [f(2,0), f(2,1), \cdots, f(2,N-2)]^T$,

$\vdots \qquad\qquad \vdots$

$\boldsymbol{f}_{N-2} = [f(N-2,0), f(N-2,1), f(N-2,2)]^T$,

$\boldsymbol{f}_{N-1} = [f(N-1,0), f(N-1,1)]^T$,

$\boldsymbol{f}_N = f(N,0)$

注意由于 $\boldsymbol{f}_j$ 是列向量，$\boldsymbol{f}_j^T$ 是行向量，因此 $\boldsymbol{f}$ 是列向量。

为了评价农村职业教育系统的运行情况，需要观察一定时间

（$t \geqslant 0$）。如果 t 很小，$f(\boldsymbol{X}(t))$ 表示地方政府因该系统的运行在时点 t 获得的短期净收益。相反，如果 t 很大，则 $f(\boldsymbol{X}(t))$ 近似表示地方政府因该系统的运行获得的长期净收益，可用于近似农村职业教育系统的稳态性能。

8.6.2 评价指标的建立及计算

在实际的农村职业教育财政支出的评价中，通常只考察地方政府某一年的总收益和总支出，大多直接基于年底的财务统计进行较为笼统的分析与评价，具有一定的局限性。本节对具有两类教育资源的农村职业教育系统建立一些重要的评价指标：（a）短期净收益；（b）在时间间隔 $[0, t)$ 期间的长期净收益，还详细计算了相关的概率分布和首达时间。

（1）短期净收益

下面将为农村职业教育财政投入的短期净收益提供三类指标：

平均短期净收益

$$E\big[f(\boldsymbol{X}(t))\big] = \sum_{(i,j) \in \boldsymbol{\Omega}} \pi_{i,j}(t) f(i,j) = \sum_{j=0}^{N-i} \pi_j(t) \boldsymbol{f}_j = \boldsymbol{\pi}(t) \boldsymbol{f}$$

$$\text{式（8-44）}$$

若 QBD 过程 Q 是稳态的，则平均短期净收益 $E\big[f(\boldsymbol{X}(t))\big]$ 的极限存在，由下式给出：

$$\lim_{t \to \infty} E\big[f(\boldsymbol{X}(t))\big] = \sum_{(i,j) \in \boldsymbol{\Omega}} \pi_{i,j} f(i,j) = \boldsymbol{\pi} \boldsymbol{f} \quad \text{式（8-45）}$$

短期净收益方差为：

$$E\big[f^2(\boldsymbol{X}(t))\big] = \sum_{(i,j) \in \boldsymbol{\Omega}} \pi_{i,j}(t) f^2(i,j) = \boldsymbol{\pi}(t) \boldsymbol{f}^{\diamond 2} \quad \text{式（8-46）}$$

其中，

$\boldsymbol{f}_0^{\diamond 2} = \big(f^2(0,0), f^2(0,1), \cdots, f^2(0,N)\big)^T$,

$\boldsymbol{f}_k^{\diamond 2} = \big(f^2(k,0), f^2(k,1), \cdots, f^2(k,N-k)\big)^T, \quad 1 \leqslant k \leqslant N-1$

$\boldsymbol{f}_N^{\diamond 2} = f^2(N,0)$.

进一步，可得

$$\boldsymbol{f}^{\diamond 2} = \big((\boldsymbol{f}_0^{\diamond 2})^T, (\boldsymbol{f}_1^{\diamond 2})^T, \cdots, (\boldsymbol{f}_{N-1}^{\diamond 2})^T, \boldsymbol{f}_N^{\diamond 2}\big)^T \quad \text{式（8-47）}$$

因此，方差为

$$\mathrm{var}\big[\,f(\boldsymbol{X}(t))\,\big] = E\big[\,f^2(\boldsymbol{X}(t))\,\big] - E^2\big[\,f(\boldsymbol{X}(t))\,\big]$$

$$= \pi(t)\boldsymbol{f}^{\diamond 2} - \big[\pi(t)\boldsymbol{f}\big]^2 \qquad \text{式 (8-48)}$$

如果 QBD 过程 Q 是稳态的，则短期净收益 $f(\boldsymbol{X}(t))$ 的方差存在极限，其由下式给出：

$$\lim_{t\to\infty}\mathrm{var}\big[\,f(\boldsymbol{X}(t))\,\big] = \pi\boldsymbol{f}^{\diamond 2} - (\pi\boldsymbol{f})^2. \qquad \text{式 (8-49)}$$

短期净收益的概率分布：令报酬函数 $f(\boldsymbol{X}(t))$ 的概率分布为 $P\big\{f(\boldsymbol{X}(t)) \leqslant x\big\}$，则

$$P\big\{f(\boldsymbol{X}(t)) \leqslant x\big\} = \sum_{(i,j)\in\boldsymbol{\Omega}} P\big\{f(\boldsymbol{X}(t)) \leqslant x, \boldsymbol{X}(t) = (i,j)\big\}$$

$$= \sum_{\substack{f(\boldsymbol{X}(t))\leqslant x \\ (i,j)\in\boldsymbol{\Omega}}} \pi_{i,j}(t). \qquad \text{式 (8-50)}$$

如果 QBD 过程 Q 是稳态的，则

$$\lim_{t\to\infty} P\big\{f(\boldsymbol{X}(t)) \leqslant x\big\} = \sum_{\substack{f(\boldsymbol{X}(t))\leqslant x \\ (i,j)\in\boldsymbol{\Omega}}} \pi_{i,j}. \qquad \text{式 (8-51)}$$

(2) 长期净收益

农村职业教育财政支出的短期净收益是在某个时刻对净收益进行考虑的，而长期净收益是对某一段时间内的累积净收益进行考虑。尽管两者相互关联，但由于其具有不同的特性，必须单独考虑。

为了计算时间间隔 $(0,t]$ 期间农村职业教育财政支出的长期净收益，需要引入 QBD 过程 Q 的累积状态概率向量

$$S(t) = \int_0^t \pi(x)e\mathrm{d}x \qquad \text{式 (8-52)}$$

令

$$S(t) = \big(S_0(t), S_1(t), \cdots, S_N(t)\big).$$

其中

$$S_0(t)\mathrm{d}x = \big(S_{0,0}(t), S_{0,1}(t), \cdots, S_{0,N}(t)\big),$$

$$S_k(t)\mathrm{d}x = \big(S_{k,0}(t), S_{k,1}(t), \cdots, S_{k,N-k}(t)\big), \quad 1 \leqslant k \leqslant N-1,$$

$$S_N(t)\mathrm{d}x = S_{N,0}(t).$$

则 $S_{i,j}(t)$ 是时间间隔 $(0,t]$ 期间 QBD 过程 Q 在状态 (i,j) 所花费的平均总时间。

$$S_{i,j}(t) = \int_0^t \pi(x)\mathrm{d}x \qquad \text{式（8-53）}$$

容易得到：

$$\frac{\mathrm{d}}{\mathrm{d}t}S(t) = S(t)\boldsymbol{Q} + \pi(0) \qquad \text{式（8-54）}$$

因此，可得：

$$S(t) = \pi(0)\int_0^t \exp\{\boldsymbol{Q}x\}\mathrm{d}x \qquad \text{式（8-55）}$$

如果 $\int_0^\infty \pi(x)\mathrm{d}x < +\infty$，则记 $\tau = \int_0^{+\infty} \pi(x)\mathrm{d}x$。注意 $\lim\limits_{t\to\infty}\mathrm{d}S(t)/\mathrm{d}t = 0$，由式（8-54）可得：

$$\tau\boldsymbol{Q} = -\pi(0) \qquad \text{式（8-56）}$$

因此，利用 RG 分解可得：

$$\tau = \pi(0)(-\boldsymbol{Q})^{-1}$$
$$= \pi(0)(I-G_U)^{-1}\mathrm{diag}(-U_0^{-1}, -U_1^{-1}, \cdots, -U_N^{-1})(I-R_L)^{-1}$$
$$\text{式（8-57）}$$

其中，

$$(I-G_U)^{-1} = \begin{pmatrix} I & G_0 & G_0G_1 & \cdots & G_0G_1\cdots G_{N-1} \\ & I & G_1 & \cdots & G_2\cdots G_{N-1} \\ & & \ddots & \ddots & \vdots \\ & & & I & G_{N-1} \\ & & & & I \end{pmatrix},$$

$$(I-R_L)^{-1} = \begin{pmatrix} I & & & & \\ R_1 & I & & & \\ R_2R_1 & R_2 & I & & \\ \vdots & \ddots & \ddots & \ddots & \\ R_NR_{N-1}\cdots R_1 & \cdots & R_NR_{N-1} & R_N & I \end{pmatrix}$$

根据农村职业教育财政支出的短期净收益 $f(\boldsymbol{X}(t))$，时间间隔 $(0,t]$ 内的长期净收益为：

$$\Phi(t) = \int_0^t f(\boldsymbol{X}(u))\mathrm{d}u \qquad \text{式（8-58）}$$

假设实函数 $f(x)$ 使每个随机变量 $\Phi(t) < +\infty$，$t \geqslant 0$，发生的概率为

1。因此，该农村职业教育财政支出的核心评价指标——时间间隔 $(0,t]$ 期间的平均长期净收益为：

$$
\begin{aligned}
E[\Phi(t)] &= E\left[\int_0^t f(\boldsymbol{X}(u))\,\mathrm{d}u\right] \\
&= \sum_{(i,j)\in\boldsymbol{\Omega}} f(i,j)\int_0^t P\{\boldsymbol{X}(u)=(i,j)\}\,\mathrm{d}u \qquad \text{式 (8-59)} \\
&= \sum_{(i,j)\in\boldsymbol{\Omega}} S_{i,j}(t)f(i,j) \\
&= S(t)\boldsymbol{f}.
\end{aligned}
$$

8.6.3 长期净收益的概率分布

本节将进一步分析长期净收益 $\Phi(t)$，并通过偏微分方程计算其概率分布，其解可根据拉普拉斯变换和拉普拉斯-斯蒂尔阶斯变换明确地给出。

令

$$
\Theta(t,x) = P\{\Phi(t) \leqslant x\} \qquad \text{式 (8-60)}
$$

且

$$
H_{i,j}(t,x) = P\{\Phi(t) \leqslant x, X(t)=(i,j)\} \qquad \text{式 (8-61)}
$$

其中，

$$
H_0(t,x)\mathrm{d}x = \big(H_{0,0}(t,x), H_{0,1}(t,x), \cdots, H_{0,N}(t,x)\big),
$$

$$
H_k(t,x)\mathrm{d}x = \big(H_{k,0}(t,x), H_{k,1}(t,x), \cdots, H_{k,N-k}(t,x)\big), \quad 1\leqslant k\leqslant N-1,
$$

$$
H_N(t,x)\mathrm{d}x = H_{N,0}(t,x)
$$

且

$$
H(t,x) = \big(H_0(t,x), H_1(t,x), \cdots, H_N(t,x)\big)
$$

显然

$$
\Theta(t,x) = H(t,x)\mathbf{e} \qquad \text{式 (8-62)}
$$

记一个 r 维的列向量 $\Delta(a) = \mathrm{diag}(a_1, a_2, \cdots, a_r)$，则对于列向量 $\boldsymbol{f}$，有

$$
\Delta = \mathrm{diag}\big(\Delta(\boldsymbol{f}_0), \Delta(\boldsymbol{f}_1), \cdots, \Delta(\boldsymbol{f}_N)\big)
$$

对于马氏报酬过程 $\{\Phi(t), t\geqslant 0\}$，根据 Li (2010) 的第 10 章中的第 10.2 节，为计算向量函数 $H(t,x)$，柯尔莫哥洛夫向前方程由下式给出：

$$\frac{\partial H(t,x)}{\partial t} + \frac{\partial H(t,x)}{\partial x}\Delta = H(t,x)\mathbf{Q} \quad 式（8-63）$$

有边界条件

$$H(t,0) = \pi(0)\delta(t), \; \delta(t) = \begin{cases} 1, & t = 0 \\ 0, & t > 0 \end{cases} \quad 式（8-64）$$

和初始条件

$$H(0,x) = \pi(0)\delta(x), \; \delta(x) = \begin{cases} 1, & x = 0 \\ 0, & x > 0 \end{cases} \quad 式（8-65）$$

现在，利用边界条件式（8-64）和初始条件式（8-65）求解柯尔莫哥洛夫向前方程式（8-63）。对式（8-63）的拉普拉斯变换取 $t \to s$，可得

$$sH^*(s,x) - H(0,x) + \frac{\mathrm{d}H(t,x)}{\mathrm{d}x}\Delta = H^*(s,x)\mathbf{Q}$$

$$式（8-66）$$

注意由式（8-65），可得

$$\frac{\mathrm{d}H^*(s,x)}{\mathrm{d}x}\Delta = H^*(s,x)(\mathbf{Q}-sI) + \pi(0) \quad 式（8-67）$$

利用初始条件式（8-65），对式（8-66）的拉普拉斯-斯蒂尔阶斯变换取 $x \to u$，有：

$$H^{*\sim}(s,u)[\mathbf{Q} - (sI + u\Delta)] = -\pi(0) \quad 式（8-68）$$

由此得出

$$H^{*\sim}(s,u) = -\pi(0)[\mathbf{Q} - (sI + u\Delta)]_{\max}^{-1} \quad 式（8-69）$$

根据 UL 型 RG 分解，矩阵 $\mathbf{Q} - (sI + u\Delta)$ 可记为

$$\mathbf{Q} - (sI + u\Delta) = [I - R_L(s,u)]U_D(s,u)[I - G_U(s,u)]$$

$$式（8-70）$$

其中，

$$R_L(s,u) = \begin{pmatrix} 0 & & & & \\ R_1(s,u) & 0 & & & \\ & \ddots & & \ddots & \\ & & R_{N-1}(s,u) & & 0 \\ & & & R_{N-1}(s,u) & 0 \end{pmatrix}$$

$$G_U(s,u) = \begin{pmatrix} 0 & G_0(s,u) & & & \\ & 0 & G_1(s,u) & & \\ & & \ddots & \ddots & \\ & & & 0 & G_{N-1}(s,u) \\ & & & & 0 \end{pmatrix}$$

$$U_D(s,u) = \mathrm{diag}(U_0(s,u), U_1(s,u), \cdots, U_N(s,u))$$

于是，由式（8-69）和式（8-70）可得

$$H^{*\sim}(s,u) = \pi(0)\left[I - G_U(s,u)\right]^{-1}\left[-U_D(s,u)\right]^{-1}\left[I - R_L(s,u)\right]^{-1}$$

式（8-71）

其中，

$$\left[I - G_U(s,u)\right]^{-1} =$$

$$\begin{pmatrix} I & G_0(s,u) & G_0(s,u)G_1(s,u) & \cdots & G_0(s,u)G_1(s,u)\cdots G_{N-1}(s,u) \\ & I & G_1(s,u) & \cdots & G_0(s,u)\cdots G_{N-1}(s,u) \\ & & \ddots & \ddots & \vdots \\ & & & I & G_{N-1}(s,u) \\ & & & & I \end{pmatrix},$$

$$\left[I - R_L(s,u)\right]^{-1} =$$

$$\begin{pmatrix} I & & & & \\ R_1(s,u) & I & & & \\ R_2(s,u)R_1(s,u) & R_2(s,u) & I & & \\ \vdots & \ddots & \ddots & \ddots & \\ R_N(s,u)\cdots R_2(s,u)R_1(s,u) & \cdots & R_N(s,u)R_{N-1}(s,u) & R_{N-1}(s,u) & I \end{pmatrix}$$

$$-U_D^{-1}(s,u) = \mathrm{diag}(-U_0^{-1}(s,u), -U_1^{-1}(s,u), \cdots, -U_N^{-1}(s,u))$$

8.6.4 长期净收益的首达时间

本节分析农村职业教育财政支出长期净收益首次达到某个关键值的时间。这个指标对于地方政府为农村职业教育制定各项政策具有重要的参考意义。为此，这里分析了首达时间的概率分布，并进一步计算了一些矩。

令 $\Gamma(x)$ 为农村职业教育财政支出的长期净收益达到某个关键值 x 的首达时间：

$$\Gamma(x) = \min\{t : \Phi(t) = x\} \qquad \text{式 (8-72)}$$

记

$$C(t,x) = P\{\Gamma(x) \leqslant t\} \qquad \text{式 (8-73)}$$

显然事件 $\{\Gamma(x) \leqslant t\}$ 等价于事件 $\{\Phi(t) > x\}$，可得：

$$C(t,x) = 1 - P\{\Phi(t) \leqslant x\} = 1 - \Theta(t,x) \qquad \text{式 (8-74)}$$

下面使用长期净收益 $\Phi(t)$ 来计算平均首达时间 $E[\Gamma(x)]$。注意

$$P\{\Gamma(x) \leqslant t\} = 1 - P\{\Phi(t) \leqslant x\} \qquad \text{式 (8-75)}$$

由此得出：

$$E[\Gamma(x)] = \int_0^{+\infty} t\,dP\{\Gamma(x) \leqslant t\} = \int_0^{+\infty} \Theta(t,x)\,dt \qquad \text{式 (8-76)}$$

根据式 (8-69) 可得：

$$C^{\sim}(t,u) = \int_0^{+\infty} e^{-ux}\,dC(t,u) = 1 - \Theta^{\sim}(t,u) \qquad \text{式 (8-77)}$$

根据柯尔莫哥洛夫向前方程即式 (8-64)，可得：

$$\frac{\partial H^{\sim}(t,u)}{\partial t} + uH^{\sim}(t,u)\Delta = H^{\sim}(t,u)\mathbf{Q} \qquad \text{式 (8-78)}$$

有边界条件

$$H^{\sim}(0,u) = \pi(0)$$

因此，求解这个微分方程可得：

$$H^{\sim}(t,u) = H^{\sim}(0,u)\exp\{(\mathbf{Q} - u\Delta)t\} \qquad \text{式 (8-79)}$$

进一步，根据式 (8-63)，有：

$$\Theta^{\sim}(t,u) = H^{\sim}(t,u)\mathbf{e} = \pi(0)\exp\{(\mathbf{Q} - u\Delta)t\}\mathbf{e} \qquad \text{式 (8-80)}$$

令 $\phi(x) = E[\Gamma(x)]$，则 $\phi(x)$ 的拉普拉斯-斯蒂尔阶斯形式为

$$\phi^{\sim}(u) = \int_0^{+\infty} \Theta^{\sim}(t,u)\,dt = \int_0^{+\infty} \pi(0)\exp\{(\mathbf{Q} - u\Delta)t\}\mathbf{e}\,dt$$

$$= -\pi(0)(\mathbf{Q} - u\Delta)_{\max}^{-1}\mathbf{e} \qquad \text{式 (8-81)}$$

其中，$(\mathbf{Q} - u\Delta)_{\max}^{-1}$ 可根据 RG 分解给出，这里省略计算细节。

本节还将为计算 $E[\Gamma(x)]$ 的 r 阶矩，$r \geqslant 2$，提供一种有效的方法。为此，这里引用 Li（2010）的引理和定理，这两个结果对于分析数据中心的节能管理非常有用。

根据柯尔莫哥洛夫向前方程，即式 (8-64)，可得：

$$\frac{\partial H^{\sim}(s,x)}{\partial x} = H^{\sim}(s,x)(\mathbf{Q} - sI)\Delta^{-1} \qquad \text{式 (8-82)}$$

有边界条件

$$H^{\sim}(s,0) = \pi(0)$$

因此，有

$$H^{\sim}(s,x) = \pi(0)\exp\{(\mathbf{Q}-sI)\Delta^{-1}x\} \quad 式（8-83）$$

由式（8-63）得：

$$\Theta^{\sim}(s,x) = H^{\sim}(s,x)\mathbf{e} = \pi(0)\exp\{(\mathbf{Q}-sI)\Delta^{-1}x\}\mathbf{e}$$
$$式（8-84）$$

注意

$$\begin{aligned}
E[\Gamma(x)^r] &= \int_0^{+\infty} t^r dP\{\Gamma(x) \leqslant t\} \\
&= \int_0^{+\infty} (-1)^r \frac{\partial^r}{\partial s^r}e^{-st}\Big|_{s=0} dC(t,x) \\
&= (-1)^{r+1}\frac{\partial^r}{\partial s^r}\int_0^{+\infty} e^{-st} d\Theta(t,x)\Big|_{s=0} \\
&= (-1)^{r+1}\frac{\partial^r}{\partial s^r}\Theta^{\sim}(t,x)\Big|_{s=0}
\end{aligned} \quad 式（8-85）$$

下面的引理重述了用于计算矩阵 $M(r,k)$ 的迭代关系，$r,k \geqslant 1$。

引理1

令

$$M(r,k) = \frac{\partial^r}{\partial s^r}\big[(\mathbf{Q}-sI)\Delta^{-1}\big]^k\Big|_{s=0}, \quad r,k \geqslant 0$$
$$式（8-86）$$

则

$M(0,0) = I;$

$M(r,0) = 0, \qquad\qquad\qquad\qquad r \geqslant 1;$

$M(0,k) = (\mathbf{Q}\Delta^{-1})^k, \qquad\qquad\qquad k \geqslant 1;$

$M(1,1) = -\Delta^{-1};$

$M(r,k) = \mathbf{Q}\Delta^{-1}M(r,k-1) - r\Delta^{-1}M(r-1,k-1), \quad r,k \geqslant 1$

下面的定理提供了 $E[\Gamma(x)]$ 的 r 阶矩的表达式，对于农村职业教育系统的评价是十分有用的。

定理1 对于 $r \geqslant 1$，

$$E[\Gamma(x)^r] = (-1)^{r+1}\pi(0)\sum_{k=0}^{\infty}\frac{x^k}{k!}M(r,k)\mathbf{e} \quad 式（8-87）$$

证明

$$\Theta^{\sim}(s,x) = \pi(0)\exp\{(\mathbf{Q}-sI)\Delta^{-1}x\}\mathbf{e}$$

$$= \pi(0)\sum_{k=0}^{\infty}\frac{x^k}{k!}\left[(\mathbf{Q}-sI)\Delta^{-1}\right]^k\mathbf{e} \qquad \text{式（8-88）}$$

因此，可得

$$E[\Gamma(x)^r] = \frac{\partial^r}{\partial s^r}\Theta^{\sim}(t,x)\Big|_{s=0}$$

$$= (-1)^{r+1}\pi(0)\sum_{k=0}^{\infty}\frac{x^k}{k!}\frac{\partial^k}{\partial s^k}\left[(\mathbf{Q}-sI)\Delta^{-1}\right]^k\Big|_{s=0}\mathbf{e}$$

$$= (-1)^{r+1}\pi(0)\sum_{k=0}^{\infty}\frac{x^k}{k!}M(r,k)\mathbf{e}$$

$$\text{式（8-89）}$$

证毕。

表 8-3 总结了我们设计的农村职业教育系统评价指标体系，其中的技术评价指标为地方政府制定财政投入政策提供了重要的参考依据。

表 8-3　农村职业教育系统的评价指标

技术评价指标	财政投入评价指标
接受中等职业教育的平均学生数	（1）财政投入的短期净收益
接受高素质农民培训的平均学生数	平均短期净收益
农村职业教育系统的流失率	短期净收益方差
单位时间内平均流失的学生数	短期净收益的概率分布
平均进入系统的学生数	（2）财政投入的长期净收益
农村职业教育系统的相对通过能力	长期净收益的概率分布
农村职业教育系统的绝对通过能力	长期净收益的首达时间

8.7　结论与讨论

8.7.1　结论

当前针对农村职业教育的研究多集中于定性研究，但是缺乏使用数学模型的定量研究。本部分将农村职业教育系统建模为一个具有两类顾客的 M/M/1/N 排队系统，对于该排队系统，建立了一个具有有限水平、不可约的、连续时间 QBD 过程，构建了农村职业教育财政投入的评价指标体系。进一步，我们计算了农村职业教育系统在稳态下的一系列技术评价指标，作为地方政府制定财政政策的重要参考；在此基础上，我们利用马氏报酬过程，以地方政府收益最大化为导向，提供了农村职业教育财政投入的短期净收益和长期净收益，并分别计算了它们的概率分布及其他统计指标。

8.7.2　讨论

在本研究的分析基础上，未来研究有许多有趣的、潜在的方向，例如：分析非泊松输入（例如，马氏到达过程）和/或非指数服务时间（例如，PH 分布）。在实际的农村职业教育系统中，任务的到达表现出明显的相依性、集群性、周期性和突发性，传统的泊松过程和指数分布对这类过程的描述具有明显的局限性。马氏到达过程和 PH 分布的稠密性和通用性能更好地适用于各种实际情况，但同时这样的处理也会增加数学理论上的难度。

讨论长期性能受凹或凸报酬（或成本）函数的影响。本研究虽然将成本和收益的组成进行了详细的分析，但仍假设其为简单的凹函数和线性函数，而在实际情况中，成本和收益将表现出更复杂的凹函数或凸函数形式，这也将进一步增加分析问题的难度。

从博弈论的角度研究多类农村职业教育的最优决策问题。例如，农村职业教育机构与适龄学生之间的博弈，各类职业教育机构之间的博弈等，从社会收益最大化的角度进行资源的优化配置，进而设计出更合理的教育资源配置机制。

根据高素质农民发展状况，借鉴《2020 年全国高素质农民发展报告》相关指标（表 8-4），实地调研并采集数据进行相应的实证分析。

表 8-4　高素质农民发展指数指标体系

指标名称	指标含义	计算方式
45 岁及以下人员占比	反映高素质农民队伍年轻化水平	45 岁及以下人员占比＝45 岁及以下高素质农民人数/当地高素质农民样本总量×100%
从业 5 年及以上人员占比	反映高素质农民从业经验较为丰富的人群占比	从业 5 年及以上人员占比＝从业 5 年及以上高素质农民数量/当地高素质农民样本总量×100%

（续）

指标名称	指标含义	计算方式
新生力量人员占比	反映高素质农民中新生力量人群的发展水平	新生力量人员占比＝新生力量高素质农民数量/当地高素质农民样本总量×100%
技术技能人才占比	反映高素质农民群体的技术技能水平	技术技能人才占比＝获得农民技术人员职称或国家职业资格证书的高素质农民数量/当地高素质农民样本总量×100%
高中（中专）及以上受教育程度人员占比	反映以学历教育为内容的高素质农民的人力资本水平	高中（中专）及以上受教育程度占比＝高中（中专）及以上受教育程度的高素质农民数量/当地高素质农民样本总量×100%
参加职业培训人员占比	反映其接受农业生产经营培训的情况，从非学历教育层面反映其人力资本水平	参加职业培训人员占比＝参加过农业生产经营相关培训的高素质农民数量/当地高素质农民样本总量×100%
高素质农民教育培训经费相对占比	反映农民教育培训财政投入力度，将各省投入的经费与江苏投入的经费相比，作为该省农民教育培训经费的相对占比	高素质农民教育培训经费相对占比＝各省农民教育培训经费/江苏 2019 年农民教育培训经费×100%
正在接受学历教育占比	反映高素质农民正在接受学历教育的程度	正在接受学历教育占比＝正在接受学历教育的高素质农民数量/当地高素质农民样本总量×100%
自报健康占比	反映高素质农民自身健康状况，间接反映队伍的可持续发展能力	自报健康占比＝高素质农民自报健康状况为"健康"人数/当地高素质农民样本总量×100%
规模农业经营户占比	反映高素质农民农业生产的规模化水平	规模农业经营户占比＝满足农业规模化标准的高素质农民数量/当地高素质农民样本总量×100%
机械化占比	反映高素质农民农业生产经营的机械化水平	耕种收综合机械化率＝机耕水平×0.4＋机播水平×0.3＋机收水平×0.3；机耕水平＝[（机耕面积＋免耕面积）/播种面积]×100%，机播水平＝（机播面积/播种面积）×100%；机收水平＝（机收面积/播种面积）×100%；机械化占比＝[（机耕高素质农民数量/当地从事种植业或种养结合的高素质农民样本总量）×0.4＋（机播高素质农民数量/当地从事种植业或种养结合的高素质农民样本总量）×0.3＋（机收高素质农民数量/当地从事种植业或种养结合的高素质农民样本总量）×0.3]×100%

第**9**章 | 农村职业教育财政投入的监督机制

9.1 农村职业教育财政监督相关研究述评

9.1.1 农村职业教育相关研究

(1) 农村职业教育含义与职能

农村职业教育涵义与职能研究多有交叉，核心观点大同小异。其中，代表性观点有：①职业教育就是在一定普通教育基础上，使其成为具有高尚的职业道德、严明的职业纪律、宽广的职业知识和熟练的职业技能的劳动者（刘春生等，2002；闵宏，2010）。②中等职业教育是培养具有相关的理论知识与实践能力的高素质劳动者和技能型人才的教育（王静静，2014）。③中等职业教育是区别于普通高中的带有职业色彩的高级中等教育（禹文颂，2018）。④农村职业教育的内涵不是一成不变的，随着经济社会的不断向前发展，不仅要考虑其教育属性，更要考虑社会的整体大环境和通过这一教育形式的有效发展来促进社会的发展（闵宏，2010）。

(2) 农村职业教育地位与作用

对农村职业教育地位与作用研究较多，主要缘于农村职业教育的定位和特性。其中，代表性观点有：①中等职业教育不仅可以为初等教育的学生提供继续受教育的机会，同时还能为高等职业教育输送优秀人才，因为中等职业教育在职业教育体系中起到连接的作用（季俊杰，2009；曲正伟，2006）。②我国中职教育的外部性有所增强，其公共属性正在逐步上升（季俊杰，2009）。③农村职业教育的定位和培养人才的机制都以乡村振兴的需求为标准，充分为乡村振兴提供人才支撑（张旭刚，2018）。

(3) 农村职业教育发展主要制约因素

我国农村职业教育发展尚存在一系列问题，主要表现在：①受传统观念影响。国家对职业教育的发展日益重视，然而，现实情况却是农村的孩子仍将参加高考升入普通高校作为脱离农村生活的根本途径，不愿到农村职业学校学习（孔聪，2020）。②办学功能错位。职业教育定位于以传授实用知识和专业技能为主，许多大中型城市的职业院校已经摆脱了传统的以应试教育为主导的办学模式，办学规模和专业设置有了很大程度的提升，但仍有一些职业院校还远没有脱离传统思维的束缚，办学理念上仍具有"普教化"和"技能化"两种倾向，违背了职业教育"育训结合"的根本初衷（孔聪，2020）。③教育法制比较落后。我国职业教育立法一直严重滞后于经济社会发展需要，有关农村职业教育的法规数量少，且内容也宽泛模糊，操作性并不强（张旭刚，2018）。④体制机制不畅。农村职业教育本身是一个庞大、系统的工程，需要构建一套完整的管理及运行机制。但是目前主要由政府主导，社会参与的积极性不高。同时农村职业教育所涉及的部门较多，各部门之间存在沟通协调困难的现实问题（孔聪，2020）。

9.1.2　财政监督相关研究

（1）财政监督的含义与职能

财政监督与其他监督大为不同。具有代表性的观点是：①财政监督将管理、监督有机结合，财政监督的主要职能体现在四个方面：预警决策职能、监控管理职能、评价反馈职能、纠偏制裁职能（苏明，2008；卓娜，2013）。②财政监督有具体的财政管理目标，它是一种为约束财政主体行为而建立，主要反映财政资金运动过程及其效果的机制（李袁婕，2011；苏明，2008）。③没有财政监督，就无法形成激励和约束机制（王越，2017）。

（2）财政监督的地位与作用

财政监督是各类监督类型中一种独特的监督形式（苏明，2008；卓娜，2013）。其中，代表性的观点有：①公共财政健康运转，不仅要靠有效的决策、运行机制来保障，还需要依赖有力的监督机制来保障（卓娜，2013）。②财政监督的主要作用是及时发现和纠正预算执行中的偏差（苏明，2008）。③财政监督在保障社会公共利益、确保财税政策的贯彻落实等方面发挥重要作用（卓娜，2013）。

9.1.3 农村职业教育财政监督相关研究

中等职业教育财政总量研究较少，多围绕含义、问题等内容开展。

其中，涵义研究的代表性观点有：①中等职业教育财政是指国家在发展中等职业教育事业中，对中等职业教育经费及其他教育资源的筹措、分配和使用的管理过程（王静静，2014）。②农村职业教育是指中等职业教育，具体包括普通中专（中等专业学校）、职业高中（职教中心）和技工学校教育（王凤羽，杨小容，2012）。

问题研究的代表性观点有：①中等职业教育管理体制没有理顺，教育财政制度很难有效运作（王静静，2014）。②我国中等职业学校实践中出现"缺位"和"不到位"的现象（王静静，2014）。③我国的职业教育财政的监督评价制度存在监督评价主体单一、缺乏必要的监督和评估制度等问题（王静静，2014；赵宏斌、孙百才，2006）。

9.1.4 研究述评

通过文献查阅发现，职业教育财政研究较为丰富，为本研究提供一定研究思路借鉴。有关农村职业教育财政监督的研究总量较少，主要集中在含义、地位作用、问题与对策等方面。多分散于其他相关研究中，针对农村职业教育财政监督机制的专门性研究较少，几乎处于空白。开展农村职业教育监督机制研究具有重要理论与现实意义。

9.2 农村职业教育财政投入监督机制构建的理论基础和原则

9.2.1 深刻理解农村职业教育财政投入监督机制的内涵

因为"财政监督"的概念总是与公共财政职能概念相伴随而生，而对财政职能的理解和表述也是一个历史演变过程（卢冶琳，2004；戚悦、张晓艳，2010）。财政投入监督机制内生于财政管理体系之中，是财政部门为确保财政目标的实现，在财政管理过程中所设置构造的各相关主体之间的权责制衡制度与运行关系（何林，2010）。农村职业教育为更好地服务好乡村人才振兴，在客观上要求政府依据财经法规和效益原则，必须强化其财政监督，建立健全与经济发展相适应的农村职业教育财政投入监督机制，使其对农村职业教育财政投入实施全过程监督，包括事前、事中、事后监督（骆红，2008）。

9.2.2　职业教育财政监督的理论基础

农村职业教育具有私人产品和公共产品的双重性质，属于准公共产品属性，其教育的过程是一种兼具内部收益和外部收益的过程和活动，具有较强的外部效应，因此，这种教育形式的提供必须以政府供给为主导（闵宏，2010）。公民向政府交税，这就与政府形成了"委托—代理"的关系，因此政府就需要向公众提供公共产品（苏明，2008）。然而，在委托代理的关系当中，委托方和代理方的目标都是将自身利益最大化，就会产生"逆向选择"和"道德风险"问题（苏明，2008），激励机制和监督机制的设立能够有助于解决两者的冲突（苏明，2008；卓娜，2013）。政府组织系统约束代理人行为，应主要依靠监督机制（金东海等，2013；苏明，2008）。

9.2.3　构建农村职业教育财政监督机制的原则

(1) 透明性原则

透明度是指事情的公开程度，具体指决策过程中能够清晰界定目标，有着明确的决策规则和公开透明的过程。提高财政透明度能够更好阻止在教育资源的筹集和分配中徇私舞弊的行为发生。提高透明度，必须努力做到决策过程透明、相关信息公开，并通过提供信息、鼓励社会参与等手段来确保过程的强制性和公正性（刘惠林，2007）。

(2) 责任制原则

责任制是指责任主体对其产生的后果负责，具体指关键当事人能对其决策行为的后果负责（刘惠林，2007）。提高教育财政监督的责任性需要明确各级政府对于农村教育财政经费的责任。

(3) 灵活性原则

灵活性是指适应变化的能力。由于国家不断发展、进步，地方经济水平不断提高，需要不断探索创新科学合理、符合实际的独特的职业教育发展方案，构建有特色的地方政府农业职业教育财政监督机制（李震，2016；吴彩虹、全承相，2012；卓娜，2013）。

9.3 我国农村职业教育财政投入监督瓶颈

近年来，我国现行职业教育财政投入监督取得了一些成效，教育财政资金管理有所加强，使用效益有所提高（李佳，2013；卓娜，2013）。但职业教育财政监督机制建设还不完善，仍存在很多现实问题（李晨，2017；朱静颖，2007）。

9.3.1 财政监督法治建设普遍滞后

目前，我国已经出台的相关法律仅仅只对财政监督做了一些原则性的规定，没有形成完善的关于财政监督的法律体系，这给财政监督工作带来了困难，对财政监督的权威和严肃性造成了严重的损害（李袁婕，2011）。

教育经费监督和责任追究是完善职业教育财政监督制度的重要内容，是理顺监督人员权责关系，发挥教育经费最大使用效益的重要制度力量。我国规范职业教育的法律主要是《教育法》和《职业教育法》，但对教育财政监督的监测标准、监测方式、监测内容细节、监测人员权利与责任等没有专业的规定，更多的是结果性监测和宏观层面的监测（金东海，2013）。

9.3.2 农村职业教育财政法律法规比较薄弱

我国宪法、审计法和有关法规、规章对审计监督的基本制度和各项具体制度较为宏观，涉及职业教育方面的法律规范还不健全、不完善，这主要是因为我国职业教育法律责任缺失，相关法律法规较为薄弱（杨树琪，2009；卓娜，2013）。仅有《教育法》和《职业教育法》来支撑职业教育发展，关于农村职业教育的具体法律条文和实施细则比较少、法律内容粗略、笼统且不好操作（李楠，2013）。而立法的不足导致对于职业教育财政缺乏监管（郭忠美，2019；禹文颂，2018；朱爱国，2015）。

9.3.3 农村职业教育财政监督法律责任规定不明确

《教育法》中虽设有法律责任专章，但专章中并没有专门针对职业教育的责任规定，《职业教育法》也缺乏法律责任的专门规定，无法从追责机制上寻求法律依据，其他条文内容多为鼓励性、原则性规定，缺失法律责任这一刚性规定，在落实和执行过程中就会产生相应的法律问题（郭忠美，2019；李晨，2017；李震，2016）。例如，《职业教育法》第 39 条规定：在职业教育活动中违反教育法规定的，应当依照教育法的有关规定给予处罚。对参与主体的义务性规定极少，惩戒性规定几乎没有。这种惩戒性规定执行起来有难度，追责主体或执法主体模糊不清，容易造成执法中的互相推诿或者冲突执法、执法错位等问题（郭忠美，2019；李晨，2017；李新艳，2018）。

9.3.4　农村教育财政投入监督标准化体系建设不完善

（1）农村教育财政监督投入标准化体系建设不完善

标准化建设是促进教育经费管理实现用足与用好目标的前提条件，是加强教育经费监督制度建设、提高教育经费监管效果的重要支持（金东海，2013）。而财政监督标准化体系要求确立监控主体、监控客体和要点等诸多内容，在实践操作中，教育财政投入监督体系标准化建设面临巨大挑战。

（2）农村职业教育财政投入监督主体的监督职能未能有效发挥

根据我国教育法相关规定，各级人民政府要向本级人民代表大会或其常委会报告职业教育经费支出情况，但是，实际应用中，横向监管主要是教育系统内监督人员对经费的使用情况进行监督，而人大和政协、审计、财政、社会舆论以及网络监督力量比较薄弱（金东海，2013；朱爱国，2015）。纵向监管主要是各级教育部门自上而下监督，而缺少自下而上的监督，有些监督过于表面化，并不能及时有效地反映存在的问题（李晨，2017），不利于教育经费监管科学化与民主化（金东海，2013）。

（3）农村职业教育财政投入监督指标体系不完善

职业教育财政监督指标体系应包括工作指标以及绩效指标，工作指标要求能反映一定时期内职业教育财政管理的情况，绩效指标要求能直观地反映出职业教育财政支出中存在的问题（李晨，2017）。但实践中，指标多为定性指标，很少出现具体数字。

9.3.5　农村职业教育财政投入监督专业性建设不强

（1）评估队伍专业化建设不足

目前，教育财政投入监督的要求更高、更具针对性，需要有一支专门的教育财政评估队伍来完成评估任务。高素质专业化评估队伍是教育经费使用效益评估结果真实可靠的重要保障（金东海，2013）。

（2）独立专业的第三方教育经费监督委员会缺乏

现有的教育经费监督机构通常是附属于政府或教育部门，很难发挥真正的监督和管理作用（金东海，2013）。独立专业的教育经费监督机构是教育经费用足与用好的重要保证。增加职业教育财政的透明度，可以使中等职业院校在使用财政教育资金时更加有约束力（李晨，2017），从而提高经费监管的实效性（金东海，2013）。

9.3.6　反馈机制建设比较欠缺

（1）农村职业教育财政投入绩效评价机制缺失

有效的绩效评价制度能有效地监督投入职业教育经费是否有效合理利用（李震，2016；朱爱国，2015）。在我国，绩效评估多凭政府的部分公开数据，没有系统地、具体地对职业教育的财政投入和具体产出进行量化分析，缺乏必要的绩效评估机制，导致在协调相关利益方面存在困难。因此，有必要完善职业院校教育财政的绩效评价机制。

（2）结果反馈与后续监督较为缺乏

目前，我国中职教育财政监督多采用政府监评和自身监评，但仍存在一定的局限性，约束性不够强（李晨，2017）。监督结果应当向社会或有关部门公布，将监督信息置于公众监督之下（李楠，2013）。然而，实践中仍存在评估结果反馈不够具体、公开不够透明、教育经费使用效益评估结果的公开公示制度不完善、缺乏对后期整改工作的督促与落实等一系列问题（金东海，2013）。

9.4　农村职业教育财政投入监督机制构建

欲建立完善的农村职业教育财政投入监督机制，有必要捋顺农村职业教育财政投入监督机制构建的逻辑框架及关键内容（图9-1）。

9.4.1　明确监督主体

监督主体是监督实践中最基本的前提和必要条件。监督主体是指对涉

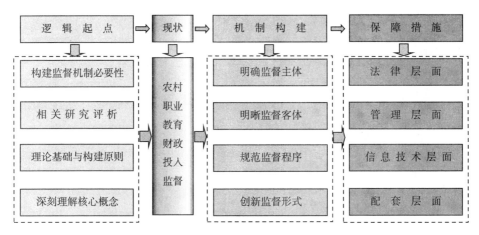

图 9-1　农村职业教育财政监督机制构建的逻辑框架

及支出决策、预算计划调控、职能机构整合、资金运行和支出项目管理等
支出环节的所有监管部门的总称（图 9-2）。财政监督包含了"监"与
"管"，由此，在实践中，监督主体通常可以按照主体本身所涉及的范围和
层次等进行进一步分类（李伟庆，2011）。农村职业教育发展需要引导多
种主体共同参与，涵盖政府、学校、企业和社会组织等多方力量努力构建
多元主体，协同推进农村职业教育发展的新机制、新格局，是当前深入推
进乡村人才振兴进程中面临的一项重要任务。可以扩大中等职业教育财政
投入监督的主体，实现监督主体的重心下移，建立包括新闻媒体和人民群
众等主体在内的广泛的社会监督。我国现行的财政投入监督体系中，有立
法机构实施的人大财政监督、社会监督和其他监督主体，基本上都是政府
部门的监督（王越，2017）。明确财政监督主体行使财政的管理、分配、
监督等职能范围，各监督主体按照各自相关的法律法规，对监督对象进行
各自的监督，有利于提升财政监督时效性（王越，2017；卓娜，2013）。

（1）加强财政监督队伍专业建设

财政监督是一项专业性很强的工作，必须由专业队伍和专业机构从事
这一专业职能（刘孝诚，2018）。政治合格、业务过硬、素质较高以及具
备敏锐的洞察力、判断力的财政监督队伍是胜任财政监督工作的必要条件
（王晓冬，2012；卓娜，2013）。财政部门和教育部门等加强财政监督队伍
专业建设，整合各方面专家和资源，可以有效提高业务水平，进而提高教
育财政投入监督质量（刘惠林，2007；赵亚丹，2018），共同推进财政监

督、改善财政管理（刘孝诚，2018；卓娜，2013）。

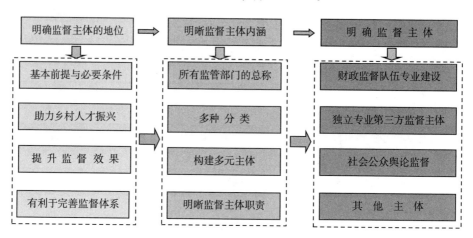

图 9-2　农村职业教育财政投入监督的主体

（2）建立独立专业的第三方教育财政监督主体

广泛建立教育督导机构，组织教育督导团等，组成人员可以由教育部门人员、专业审计人士等构成，建立独立专业的第三方财政教育经费监督委员会，实行日常监督和定期监督、隐性监督和显性监督相结合的制度，提高教育财政监督效率（金东海，2013）。

（3）引导利用社会公众舆论监督

完善社会公众监督，有利于规避风险，更加公平地分析问题和提出建议（王越，2017）。随着我国公民社会的不断成熟（刘惠林，2007），农村职业教育财政投入监督机制建设需要不断探索和完善社会公众监督。加强社会公众、新闻媒体机构等社会公众舆论监督形式的监督力度。为公众创造更多的表达诉求和意愿的平台，加大媒体报道力度，以期促进教育财政监督的公开透明（王越，2017）。

9.4.2　界定监督客体

监督客体是监督的对象。管理职能包括计划、组织、领导和控制等，而农村职业教育财政投入监督都属于管理过程中的"控制"环节，起着"测定偏差"的作用，并报送决策者以制定相应的纠偏措施（冯俏彬等，2008）。现阶段，农村职业教育财政监督客体与农村职业教育财政投入监督具体化的监督内容融合在一起，主要集中于农村职业教育财政收入监督、农村职业教育财政支出和农村职业教育财政绩效监督等内容。农村职业教育财政收入监督主要是保障财政收入的安全、完整。农村职业教育财政支出监督主要是对监督教育财政经费支出的全过程、最终结果及相关活动的监督管理（卓娜，2013）。农村职业教育财政绩效监督是将绩效评价寓于财政监督中，使这一新一旧两项职能有机结合、相互促进、合力提效（杨颖、董登攀，2014）。

9.4.3 规范监督程序

监督的程序公正是依法监督的重要组成部分，健全财政监督程序，可以使教育财政监督工作更加严谨，监督结果更加公正，监督效率和监督质量更高。

(1) 设计财政监督程序的基本要求

加强过程监督。加强农村职业教育财政投入过程监督，提升资金在农村职业教育中的绩效，使得对财政资金的监督更加规范、更有保障（李华玲，2013）。资金拨付、资金使用、资金用途是否到位、资金分配是否合理以及资金使用效率、使用效果等问题都要实时把控、严格审核，采用日常监管、专项监督、全过程检查等方式进行经常性、及时性、专业性的财政过程监督（李佳，2013；赵亚丹，2018）。

建立健全必要的工作程序。加强农村职业教育财政投入监督体系标准化建设需要建立和完善教育财政投入监督的各项管理办法和相关操作规程，负责监督核查教育行政职能部门和相关财政部门的财政拨付及具体使用情况，进行有效的监督和绩效评估（朱爱国，2015），将财政监督贯穿于财政支出全过程。同时不断提高财政监督信息化水平，认真探索新的工作程序和方法，使得农村职业教育财政投入监督实现规范化和程序化，进而实现对财政活动全过程、全方位监督（甘肃省财政厅，2017；王晓冬，2012）。

设置独立的监督调查程序。设置独立的监督调查程序，积极梳理相关流程，增强监督程序的时效性，保证监督调查能够及时进行，要求监督调查具有广泛性以及典型性。

设计简易程序。现阶段，根据"放管服"改革要求，各级政府追求简政放权，农村职业教育财政投入监督也需要立足简化程序，提高效率。有效增强监督程序的灵活性和适用性，提高财政监督效率。

丰富监督程序。现阶段，监督方式日益多样化，财政监督程序单一化已不可取。农村职业教育财政监督程序需要不断丰富，主要为新涌现出的监督方式量身定做监督程序，增强监督程序的适用性和应用性，进而提高财政监督效果。

（2）教育财政监督的基本流程

新常态下，我国经济、社会、政治等各领域均发生了深刻的变革，国家治理出现了新动向、新变化（晏维龙等，2016），教育财政监督思想也必须顺应时势、适时变革、创新发展。本研究认为审计监督思想可以很好地应用于农村职业教育财政监督程序设计，一般包括三个主要的阶段，即计划阶段、实施监督阶段和监督完成阶段。主要工作具体内容详见图9-3。

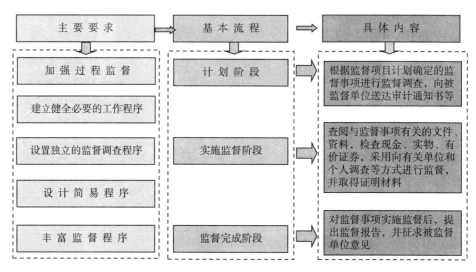

图9-3　农村职业教育财政监督的程序设计

9.4.4　创新监督形式

在广泛深入实践的基础上，财政"大监督理念"应运而生。各级财政部门适应财政"大监督"形势的要求，不断创新财政监督方式、方法（高维国，2013）。在依法监督的前提下，一切有利于提高农村职业教育财政投入监督效率的监督形式都可以尝试。

(1) 横向监督和纵向监督相结合

要实现横向监督和纵向监督共生。在加强教育系统内部自身监督的同时，要强化人大、政协、审计、财政、社会舆论以及网络的监督力量。加强教育监督部门自上而下、自下而上的监督，让监督贯穿于教育财政投入监督全过程，将监督工作常态化（金东海，2013；李华玲，2013）。

(2) 外部监督和内部监督相结合

农村职业教育财政投入监督需要权威的规则来实现，外部监督和内部监督形成监管合力，实现监督共生，注重信息和成果共享（王晓冬，2012；朱爱国，2015），既能实现内部监管和处罚规则，又能实现外部监督的客观性和专业性。充分发挥社会公众、第三方机构和专家参与对中等职业教育财政支出的各类监督评估（李伟庆，2011；赵亚丹，2018）。强化重点经费的审计监督，强化事前监督与过程控制，严肃查处违规违纪行为，强化审计效能，提高审计质量（李伟庆，2011；李㗆等，2011）。

(3) 探索创新财政监督形式

农村职业教育财政投入监督的监督方式由突击性检查向日常性监督转变，专项检查与日常监督相结合、监管并重。日常监管和专项检查要做到常态化、统一化、规范化（王晓冬，2012）。创新探索教育财政监督形式，可以建立独立的财政投入监督员制度，定期或不定期地进行监督核查（李华玲，2013）。做到各类监督相互连贯、相互统一，不仅要做好事后评价，还要做好事前、事中有效监督（赵亚丹，2018）。

9.5 农村职业教育财政投入监督机制的保障措施

9.5.1 完善相关法律法规推进法治体系建设

(1) 加强教育财政监督法治建设

以国家制订出台的一系列财政监督方面的细则和法规，对财政监督的工作程序、具体事项、具体运作方式等进行规范，为教育财政监督提供保障（李袁婕，2011；王晓冬，2012）。进一步完善教育财政审计监督制度，应建立完善教育行政主管部门及各个院校的内部审计制度。定期开展教育经费使用的审计检查（李佳，2013）。

实行法治化管理，使农村职业教育走上法治化、规范化的轨道，必须制定专门针对农村职业教育财政投入监督的法律法规，将经过实践检验具有较强操作性和应用性的农村职业教育相关做法转化为政策，进而转化为农村职业教育法律，真正成为为农村职业教育发展保驾护航的有效手段（李楠，2013）。

（2）明确教育财政监督法律责任规定

目前，我国教育法律法规中，关于监督的法律规定，应该明确实体性和程序性规范，具体化和细节化表述农村职业教育财政监督的具体内容（李楠，2013；朱爱国，2015），明确法定监督手段以及范围，明确政府和个人法律责任规定。

9.5.2 完善财政管理体系加强财政监督规范化管理

将财政监督融入财政管理中，遵照财政监督服从服务于财政管理的理念开展相关工作，形成预算编制、执行和监督相互协调、相互制衡的财政运行机制（卓娜，2013）。只有经过探索实践，推动高位监督、全员监督，日常监督管理预算机制才能将教育财政监督落到实处（甘肃省财政厅，2017），进而逐渐完善财政监督制度（李堋，2011）。

9.5.3 运用现代信息手段提高管理效能

在财政监督部门，计算机应用使用范围多集中在部门工作所需的数据、法律法规规定、政策信息等方面，资金使用、监管、考评、预测等多方面的需求应用不足（卓娜，2013）。农村职业教育财政监督体系高效运转，应充分利用现代信息技术手段，建立财政各部门计算机信息共享系统，构建能满足财政资金管理、使用、监管、考评，集合多方数据、文本、程序于一体的信息平台，建立共享机制（卓娜，2013）。

9.5.4 强化结果反馈督促结果整改

监督结果反馈是农村职业教育财政投入监督的重要内容。根据相关规定，及时将监督检查结果、项目评审结果和绩效监督结果反馈相关部门，促进财政资金分配科学、规范、透明（甘肃省财政厅，2017）。对所有不涉密的财政监督检查和审核审批事项及其办事程序、办事成果等逐步向社会公开，接受社会各界、各个方面以及广大人民群众的监督（金莲淑，

2006）。可以与相关部门沟通协调，共享审计结论和财政监督检查结果。通过这种反馈，考核教育财政监督的质量（孔志峰，2008；吴彩虹，全承相，2012）。

9.5.5 完善财政监督问责功能与机制

建立严谨的农村职业财政投入监督问责机制，按照《教育法》《职业教育法》相关问题责任规定追究相关责任，以省级政府和中央政府为主体建立监管与问责体系，省级政府在接受中央政府监管的基础上，需要承担对市、县（区）中等职业教育发展及财政资金使用的必要监管责任，并对实施不到位的、涉及重大违法、违纪行为的主要负责人进行问责（李佳，2013；禹文颂，2018）。违法的职业教育主体，无论在何时、何地、使用何种手段都应该受到严格的法律追究（王静静，2014；朱爱国，2015）。增加教育财政监督的权威性，达到有效规范政府行为的标准（卓娜，2013）。

农村职业教育财政投入监督机制及保障措施尚不健全，只有加大对农村职业教育财政投入的监督力度，不断完善农村职业教育财政投入监督机制，才能保障保证政令畅通，进而提高其监督的质量和水平，以确保政策不偏离、不走样、不打折扣。在实践操作中，更要注意农村职业教育具有的鲜明的区域特色，农村职业教育财政投入监督机制的进步与完善还有相当长的路要走。同时，应注意农村职业教育财政投入监督应是动态的、发展性的监督机制。在实践操作中，更需不断探索创新科学合理、符合实际的操作经验，进而构建出具有特色的地方性农业职业教育财政投入监督机制。

9.6 小结

针对农村职业教育财政监督机制的专门性研究较少，几乎处于空白。然而，随着乡村振兴战略的深入实施和职业教育改革的不断推进，开展农村职业教育财政投入监督机制的研究显得尤为重要，具有重大的理论与现实意义。

农村职业教育财政投入监督机制的构建，不仅是保障财政资金有效使用、防止腐败行为发生的重要手段，更是推动农村职业教育健康发展、提升教育质量的关键举措。在构建过程中，应深刻理解和把握财政监督的内涵与职业教育的双重属性，即其作为公共产品与私人产品的结合体，兼具社会效益与经济效益。同时，考虑到政府、学校和社会之间的"委托—代理"关系，需要设立合理的激励机制与监督机制，以平衡各方利益，实现共赢。构建监督机制应遵循透明性、责任制和灵活性原则。透明度能防止徇私舞弊，责任制则确保决策后果有人负责。同时，鉴于国家方针与地方特色的变化，需灵活创新，构建特色化监督机制。通过强化监督，确保农村职业教育财政投入的有效性与合规性，助力乡村振兴和人才培养。

我国农村职业教育财政投入监督面临多重瓶颈。第一，财政监督法治建设滞后，缺乏完善的法律体系，导致监督权威受损。第二，农村职业教育法律法规薄弱，具体法律条文少且操作性不强，使得财政监管缺乏依据。第三，法律责任规定不明确，追责机制模糊，导致执法困难。第四，农村教育财政投入监督标准化体系不完善，监督主体职能发挥有限，指标体系缺乏具体数字支撑。第五，监督专业性建设不足，评估队伍专业化程度不够，结果反馈与后续监督缺乏。因此，需加强法治建设，完善法律法规，明确法律责任，构建标准化监督体系，并提升监督专业性，以破解农村职业教育财政投入监督的瓶颈问题。

为构建有效的农村职业教育财政投入监督机制，需从四方面着手。一是明确监督主体，建立政府主导、教育部门为主体、审计机构参与的多元化监督体系，确保各方职责明确、协同合作。二是明晰监督客体，细化农村职业教育财政投入的具体项目与流程，确保监督内容全面、具体。三是规范化监督程序，制定详细的操作指南和流程规范，确保监督过程公开、公正、公平。四是创新监督形式，结合线上线下方式，利用现代信息技术手段提高监督效率和质量。

为确保农村职业教育财政投入监督机制的有效运行，需从多方面强化保障措施。首先，法律是根本，加强法律建设，完善相关法规，为监督提供坚实的法律支撑。其次，管理是关键，优化管理体制，明确职责分工，确保监督职责得到有效履行。此外，信息技术是提高监督效能的重要手段，建立信息化监督平台，实现数据的实时共享和动态监控。同时，强化结果反馈和督促结果整改，确保监督发现问题得到及时纠正。最后，完善财政监督问责功能与机制，对违规行为进行严肃处理，形成有效的威慑力。通过这些措施，保障监督机制的科学性、有效性和可持续性。

总之，构建农村职业教育财政投入监督机制是一项系统工程，需要政府、学校和社会各方共同努力。通过明确监督主体、明晰监督客体、规范化监督程序和创新监督形式等措施，结合法律、管理和信息技术等保障手段，确保监督机制的科学性、有效性和可持续性。这将有助于推动农村职业教育财政投入的规范使用和管理，促进农村职业教育的健康发展，为乡村振兴和人才培养提供有力支持。

第10章 | 主要结论与政策建议

本文主要依托教育财政理论、边际分析理论、博弈理论、制度变迁理论、排队理论等相关的经济学理论，借助描述性统计、单位根检验、协整检验、神经网络、社会网络、拟生灭过程等计量经济学方法，分析了农村职业教育财政保障机制的历史演进与现实困境、农村职业教育财政预算机制、中央政府与地方政府的责任机制、评价机制、监督机制以及国外农村职业教育财政投入的借鉴等，得出相应的结论，并提出健全农村职业教育财政投入保障机制的政策建议。

10.1 主要结论

第一，估算出重庆市农村职业财政预算最优规模。农村职业教育财政投入规模效率的理论与实证分析，奠定农村职业教育财政预算规模机制基础。估算出农村职业教育财政投入的最优规模。本研究从内生经济增长理论和边际理论两个视角剖析了农村职业教育财政投入最优规模的存在，依据该理论，通过构建数理分析模型，运用计量统计方法对重庆市农村职业教育财政投入最优规模进行估算，当农村职业教育财政占农村职业教育对 GDP 贡献的比例为 74.3％时，农村职业教育财政投入的规模达到最优。在此基础上，估算了重庆市直辖以来农村职业教育财政投入的边际产出，结果表明，重庆市农村职业教育财政投入的边际产出远大于 1，依据 Barro 法则，财政投入最优状况为 $MPS=1$，只要边际产出大于 1，则表明政府财政投入整体不足，继续增加财政投入在边际上是有效率的，会带来更多的净收益。重庆市农村职业教育财政投入的边际产出远远大于 1，表明重庆市农村职业教育财政投入远远不足，应进一步加大农村职业教育财政投入，更好保证农村职业教育财政筹措。基于有限的现有财力状况和刚性约束的农村职业教育财政限制的思考，本研究规划了一个在 2030 年达到农村职业教育财政投入的最优规模，提出了重庆市农村职业教育财政增长并趋向最优的合理的现实路径，为农村职业教育财政资金筹措提供了一个未雨绸缪的基本思路和准备。

第二，重庆市农村职业教育财政投入的结构存在一定的偏差。本研究基于内生经济增长理论和边际理论两个角度分析了最优农村职业教育财政投入结构的存在，为最佳的农村职业教育财政预算结构的确认奠定了基础。在该理论的基础上，通过构建相应的数理模型，进行逻辑推导，得出农村职业教育财政投入结构的计量模型，针对农村职业教育财政投入结构变动影响农村职业教育 GDP 贡献进行了实证分析。技工学校财政投入弹性最大，普通中专次之。主要原因可能是职业高中的教育在发展过程中经历了升学—就业—就业/升学三个主要的发展阶段。而技工学校更注重技能的培养，普通中专次之。技能性培养的程度越强，其投入产出的效果就越好。因此，技工学校的财政投入效果要强于普通中专的财政投入效果。

第三，中央政府需要承担农村职业教育财政投入制度供给的任务。所以应该及时、有效地保障制度供给。可以设立关于农村职业教育专项的税收来源，用来保证农村职业教育财政经费的充足稳定。

第四，中央政府与地方政府的财政分担比例与资助中职学生人数关系密切。在 $Q^* = \left\{ \dfrac{\mu \times \gamma \times 3\alpha}{C \times (Q_r + \alpha)} \right\}^{(1-\mu)^{-1}} < Q_r$ 情况下，由于中央和地方作为相对独立的利益主体进行博弈时，其纳什均衡的解小于实际该资助的学生人数 Q_r。

由：
$$(Q^*)^{\mu-1} = \frac{C \times P}{\mu \times \gamma} \qquad \text{式（10-1）}$$

可得：
$$Q^* = \left(\frac{\mu \times \gamma}{C \times P} \right)^{1-\mu} \qquad \text{式（10-2）}$$

这表示降低地方政府财政负担比例 P，能够减轻地方政府的农村职业教育财政压力，可以增加地方政府资助的中职学生人数 Q^*。

第五，以重庆市为例，定量分析了重庆市作为地方政府对农村职业教育财政投入的比例为 53.69%。这个比例是在只有三个可计量的影响变量的回归统计分析中得出的，具有一定的局限性。在一定程度上说明中央政府和地方政府在财政投入中的重要性几乎相同。

第六，农村职业财政投入的国际比较表明，我国农村职业教育财政投入主体对农村职业教育的重视程度不够，农村职业教育生均经费不足，农村职业财政投入的相关法律制度还不够完善。

第七，农村职业教育系统建模为一个具有两类顾客的 M/M/1/N 排队系统，对于该排队系统，建立了一个具有有限水平、不可约的、连续时间 QBD 过程，构建了农村职业教育财政投入的评价指标体系。进一步测算了在农村职业教育系统稳态下的一系列技术评价指标，作为地方政府制定财政政策的重要参考；在此基础上，我们利用马氏报酬过程，以地方政府收益最大化为导向，提供了农村职业教育财政投入的短期净收益和长期净收益，并分别计算了它们的概率分布及其他统计指标。

第八，从明确监督主体（多元监督主体、明晰监督主体责任等）、界定监督客体、规范化监督程序（计划、实施、完成三个阶段）与创新监督形式（纵横结合、内外结合）四方面构建农村职业教育财政投入监督机制，并从法律、管理、信息技术等方面提出农村职业教育财政投入监督机制的保障措施。

10.2 政策建议

第一，创新农村职业教育财政投入的资金来源，构建多元化的农村职业教育财政预算体系。当前，随着农村经济的持续发展和乡村振兴战略的深入实施，农村职业教育正面临着前所未有的发展机遇和挑战。为了保障农村职业教育的顺利推进，必须构建多元化的农村职业教育财政预算体系，以满足其日益增长的经费需求。首先，在农村职业教育财政投入方面，我们可以考虑设立更多的专项财政资金。这些专项资金将专门用于支持农村职业教育的各项事业，包括基础设施建设、师资队伍建设、课程改革等。通过设立专项资金，可以确保农村职业教育的重要项目得到充分的资金保障，从而推动其快速发展。其次，我们可以依托国家的稳定信用，采用政府贴息贷款等形式来拓宽农村职业教育财政资金的筹措渠道。政府贴息贷款可以降低农村职业学校在融资过程中的成本，提高其融资能力。同时，政府还可以通过这种方式发挥教育财政资金的引导功能，吸引更多的社会资本投入农村职业教育领域。此外，我们还应积极鼓励和支持各类行业、企业进入农村职业教育领域。通过校企合作、工学结合等模式，可以实现资源共享和优势互补，促进农村职业教育的健康发展。企业可以为农村职业学校提供实践岗位和实习机会，帮助学生更好地了解职业、掌握技能；而农村职业学校则可以为企业提供人才培养和技术支持，推动企业技术创新和产业升级。在政策层面，我们可以采取一系列措施来引导企业主动与农村职业学校合作。例如，通过税收减免、财政补贴等方式降低企业参与农村职业教育的成本；同时，建立健全校企合作的长效机制，确保合作的稳定性和可持续性。最后，我们还应充分挖掘社会办学的潜力，积极倡导社会各界以社会资金捐赠、赞助等方式支持农村职业教育的发展。通过广泛宣传农村职业教育的重要性和价值，吸引更多的社会组织和个人参与到农村职业教育的捐赠和赞助中来。

第二，优化农村职业教育财政投入的结构，传导农村职业教育财政预算结构。农村职业教育财政结构基本构成是普通中专、职业高中、技工学校的财政。在财政经费的筹措与分配中将生均教育经费作为基本的衡量尺度，尽量保持三类职业技术的均衡发展。实际上，这三类农村职业教育的根本目标是一致的，那就是培养能够胜任企业生产一线的工匠，即具备初级应用型技术能力的专业人才。这一定位的明确，不仅为财政经费的筹集与投入提供了方向，也为我们制定更加科学合理的财政投入政策奠定了基础。然而，目前这三类职业技术教育在人才培养定位上还存在一定的差异。由于体制制度因素的影响，普通中专的生均经费投入相对较高，而技工学校虽然注重应用技术能力的培养，但其获得的财政支持却相对较少；同时，职业高中在转型发展过程中也面临着经费投入不足的困境。这种差异不仅影响了各类职业技术教育的均衡发展，也制约了农村职业教育整体质量的提升。因此，从结构调整的角度出发，我们应加大对技工学校、职业高中的财政投入力度，确保每类教育都能获得充足的经费支持。这需要我们建立起长效的投入机制，确保财政资金的稳定供应。同时，我们还应积极寻求农村职业教育财政经费的结构性筹措途径，通过多元化的资金来源渠道，为农村职业教育的发展提供有力保障。此外，我们还应注重在各个学校内部加强专项经费的申请与筹措工作。特别是涉及实验实训设备以及实践基地建设的相关专项，我们更应加大投入力度，确保专款专用。通过这些措施，我们可以有效推进工匠人才的培养工作，为农村经济的发展提供强有力的人才支撑。总之，优化农村职业教育财政投入的结构是一项长期而艰巨的任务。我们需要不断探索和创新，确保每一分财政投入都能发挥出最大的效益，为农村职业教育的健康发展提供坚实的保障。

第三，完善官员竞争激励机制，提升其筹措资金的积极性。要提高农村职业教育财政筹集效率，就要变革激励机制。首先，针对官员的岗位竞聘与职务晋升，应引入更为严格的竞争机制。这不仅意味着在选拔过程中要坚持公开、公平、公正的原则，更要求我们将官员的筹措、协调等能力与职务相匹配。通过这一方式，可以确保那些真正有能力、有干劲、有创意的官员能够脱颖而出，为农村职业教育财政筹集贡献更多智慧和力量。其次，在激励机制的设计上，我们需要根据官员在实施业务过程中的实际表现，制定相应的行政奖惩制度。这既包括对表现突出的官员给予适当的奖励和表彰，也要对表现不佳的官员进行问责和惩处。通过这种方式，可以激发官员的责任感和使命感，使其更加积极地投入到农村职业教育财政筹集工作中去。此外，政府还需要对农村职业教育财政资金的筹集和使用进行严格的分析和监督。这包括定期对资金使用情况进行审查，确保资金使用的合规性和有效性。同时，政府还应接受同级人大的审查，以确保财政筹集工作的透明度和公正性。最后，为了进一步提升监督效果，政府还可以委托社会中介监督机构，对所有的行政、事业单位的财务支出进行定期或不定期的审计。对于审计中发现的问题，要依法严肃处理，绝不姑息迁就。

第四，首先，要因地制宜地制定出相应的农村职业教育财政投入经费承担标准。考虑到我国地域辽阔，农村经济发展水平差异较大，因此不能一刀切地制定统一的投入标准。应根据各地区的实际情况，科学合理地确定财政投入比例和方式，确保农村职业教育经费的稳定来源。其次，要明确校企合作的相关责任与义务。校企合作是提升农村职业教育质量、促进学生就业的重要途径。法律应明确规定学校和企业在合作中的职责和权益，鼓励企业积极参与农村职业教育，为学生提供实习实训机会，促进人才培养与产业需求的对接。此外，为了激发企业参与校企合作的积极性，政府应给予企业相应的税收优惠政策。通过减轻企业税负，降低合作成本，使企业更加愿意投入资源支持农村职业教育的发展。最后，这些重要内容应通过全国人民代表大会审议，正式写入《职业教育法》中。法律的颁布和实施将为农村职业教育提供有力的法治保障，确保其更好地服务于"三农"事业，为农村经济发展注入新的活力，为实现城乡一体化做出应有的贡献。

第五，规范农村职业教育财政转移支付。从全国来看各地经济发展很不均衡，而这种不均衡经济现象导致各地的财政税收水平也不均衡。建立合理规范的农村职业教育财政转移支付制度，旨在通过财政资金的转移支付，平衡地区间的财政收支差异，确保各地农村职业教育都能获得足够的财政支持。在设定农村职业教育财政转移支付的弹性标准时，应充分考虑各地的经济发展状况、财政收入能力以及农村职业教育的发展需求等因素，确保转移支付资金能够真正用于提升农村职业教育的质量和水平。同时，为了确保转移支付资金的有效使用，还应建立奖惩严明的规则。对于在资金使用、管理等方面表现优秀的地区，应给予适当的奖励和激励；而对于资金使用不当、管理不善的地区，则应进行严肃的处理和问责。通过规范农村职业教育财政转移支付制度，我们可以有效缩小地区间农村职业教育的差距，促进农村职业教育的公平发展，为培养更多优秀的农村人才、推动乡村振兴提供有力支持。

第六，构建农村职业教育基本状态数据库。前文提到由于信息不对称可能导致的逆向选择和道德风险问题。最为重要的信息莫过于农村职业教育学生的基本状态相关信息，这是财政支出的主要依据，因此，构建全国统一的农村职业教育基本状态数据库非常必要而且重要。首先，农村职业教育学生的基本状态信息是财政拨款决策的重要依据。学生的数量、质量、家庭经济状况、社会关系等因素，直接关系到财政资金的分配和使用。通过构建全国统一的数据库，我们可以全面、准确地掌握这些信息，为财政决策提供有力支撑。其次，现代电子信息技术和云技术的应用，为构建这样的数据库提供了可能。我们可以利用这些先进的技术手段，建立全国农村职业教育学生电子学籍管理系统。这一系统不仅能够实时记录学生的各项信息，还能进行高效地查询、统计和管理。通过这一系统，我们可以随时了解全国各地农村职业教育学生的最新动态，为财政拨款提供及时、准确的数据支持。此外，数据库的实时更新也至关重要。学生的入学、转学、辍学、失学等情况都是动态变化的，我们必须确保这些信息的实时更新，以反映农村职业教育学生的真实状态。只有这样，我们才能准确地掌握农村职业教育学生的数量和质量，为财政决策提供可靠依据。最后，通过电子学籍管理系统，我们可以实现农村职业教育学籍管理的信息化、网络化。这不仅提高了管理效率，还为学生提供了更加便捷的服务。同时，这一系统还能帮助我们更好地了解学生的学习情况、学业进展等，为教学管理和质量提升提供有力支持。总之，通过这一数据库的建设和运用，我们可以更好地掌握农村职业教育学生的基本状态，为财政决策提供有力支撑，促进农村职业教育的健康发展。

第七，落实好当前农村职业教育财政优惠政策。首先，要建立健全财政经费管理制度，确保每一分财政经费都能得到有效利用。具体而言，助学金的发放不应仅仅基于学生的学籍，而应与学生的日常学习表现、实习、实训、实践情况紧密挂钩。对于那些在实习、实训、实践等方面表现不佳的学生，我们可以适当减少甚至不发助学金，以此鞭策他们积极改进。同时，将剩余的资金退还给国家，使有限的财政资源能够发挥更大的社会效益。其次，还应坚决杜绝乱收费现象，确保涉农专业免费政策的真正落实。回顾农村义务教育免费教育的实施过程，一些学校曾出现的乱收费问题，不仅损害了学生的利益，也严重影响了国家政策的执行效果。因此，在中等职业教育实施免学费政策的同时，我们必须严格监管，防止任何形式的乱收费行为发生。各级政府应加大监管力度，对违规行为进行严肃查处，确保免费中职教育的顺利实施。此外，为了实现这一目标，我们还需要加强宣传教育，提高师生对财政优惠政策的认识和理解。同时，建立健全投诉举报机制，鼓励师生积极参与监督，共同维护政策的公平性和有效性。

第八，制定农村职业教育经费投入的科学标准。在这一过程中，我们需要充分考虑我国的经济发展水平，并借鉴国际先进经验。OECD成员国中的澳大利亚、德国等国家在职业教育方面取得了显著成效，其生均教育经费的投入标准为我们提供了有益的参考。基于国际经验及我国实际情况，政府应主导制定我国农村职业教育的预算内公用经费、生均教育经费以及农村职业教育经费在整个教育经费中的比例标准。这一标准的制定，既要考虑教育资源的合理配置，又要确保农村职业教育的基本需求得到满足。同时，我们还需要认识到我国地域广阔、经济发展不均衡的现实情况。因此，在制定农村职业教育经费投入标准时，应充分考虑各地区的经济发展基本状况。东部地区经济发展相对较快，因此其农村职业教育经费投入标准可以相应提高；而西部地区经济发展相对滞后，其投入标准则应适当降低。为了协调东西部地区的农村职业教育经费标准，国家可以通过财政的转移支付手段进行调控。这样既可以确保各地农村职业教育的基本需求得到满足，又可以避免投入不足或过度投入的情况发生。总之，制定农村职业教育经费投入的科学标准是一个复杂而重要的任务。我们需要充分考虑国际经验、国内实际情况以及地区差异等因素，确保农村职业教育经费的投入既科学又合理，为我国农村职业教育的健康发展提供有力保障。

第九，依托构建评价指标体系结合农村职业教育财政投入的现实状况，对评价模型进行验证。首先，我们需要进行模拟算例的验证。通过将具体的算例植入评价模型，我们可以在实验环境下观察模型的具体效果。这一过程能够帮助我们检验模型的准确性和可靠性，为后续的数据分析和政策制定提供科学依据。其次，基于模拟状况的结果，我们需要对全日制农村职业教育财政投入与非全日制农村职业教育财政投入的相关数据进行评价测度。通过对比分析不同类型农村职业教育财政投入的效果，我们可以更准确地把握财政投入的重点和方向，为优化财政资源配置提供有力支持。最后，基于上述验证和评价结果，我们可以为政府教育管理部门和相关农村职业学校提供政策建议。

第十，推动农村职业财政投入保障机制持续健康运转。为了确保农村职业教育得到充分的财政支持，我们需要从多个方面入手，加强监督与管理，推动机制的不断完善。首先，我们要加大对农村职业教育财政投入的监督力度。这不仅仅是对财政资金的简单审查，更是对整个投入过程的全面监督。我们需要建立完善的监督机制，确保每一笔资金都能得到合理的使用，避免任何形式的浪费和滥用。同时，我们还要加强对政策执行情况的监督，确保政策能够真正落地生根，发挥实效。其次，我们必须认识到农村职业教育具有鲜明的区域特色。不同地区的农村职业教育发展水平和需求各不相同，因此，我们不能简单地套用一种固定的监督模式。相反，我们应该根据各地区的实际情况，制定具有针对性的监督措施，确保财政投入能够真正满足当地农村职业教育的需求。最后，我们要注意到农村职业教育财政投入监督应该是动态的、发展性的。随着农村职业教育的发展和社会经济环境的变化，我们的监督机制也需要不断地进行调整和完善。我们要积极探索创新科学合理的操作方法，结合实际情况，构建出具有特色的地方性农业职业教育财政投入监督机制。总之，推动农村职业财政投入保障机制持续健康运转是一项长期而艰巨的任务。我们需要不断加强监督与管理，确保财政投入能够真正发挥实效，为农村职业教育的健康发展提供有力保障。

第11章 | 研究不足与展望

11.1 研究不足

第一，研究内容尚有进一步完善的空间。机制本身的研究就具有一定的挑战性，它是研究事物的基本构造与基本功能。各个部分的存在是机制存在的前提，因此机制问题涉及如何协调各个部分之间的关系；机制按照一定的运行轨迹将各个部分充分协调起来发挥作用，这实质上就是事物的基本功能。机制按照其功能可以分为激励机制、制约机制和保障机制。从功能上来看，研究农村职业教育财政投入保障机制主要探索了预算机制、责任机制以及比较机制，并没有把农村职业教育的保障机制相关内容都进行研究，比如评价机制、绩效测度以及制度供给的有效性等。

第二，计量方法在农村职业教育领域应用尚需进一步从教育经济学视角加以夯实。教育投入产出的计量本身就是一个难题，主要原因是教育的投入具有滞后性，其产出效果要经过一定的周期才能有较好的显现。此外，教育投入的计量也是一个难点，比如投入的时间、精力等，因此产出结果对经济增长的贡献还存在一定的偏差。本研究主要应用柯布—道格拉斯生产函数对农村职业教育的投入产出做最有结构与最有规模的估算，尽管在模型的推导方面作出了一定的努力，但是在经济数学视角的模型修正和假设条件改善方面尚有进一步研究的价值与意义。

第三，数据的收集与处理有待进一步完善。本研究在实证分析时以重庆市农村职业教育财政投入为例，分析重庆市农村职业教育财政投入最优规模和最优结构，采用了时间序列数据。基于统计分析的视角，一般在进行此类分析时所使用的样本点在 30 个左右，效果相对较好。但是重庆市于 1997 年开始直辖，因此时间序列的样本点不是十分丰富，而直辖前重庆市的相关数据与直辖后的相关数据在统计口径上又存在一定偏差。因而，随着时间的推移进一步进行研究的空间较大。同时，在国际比较中，OECD 的数据由于其年鉴相对滞后 2 年，因此相关数据比较有一定的时间滞后，在比较中为了保证口径一致性，用全国的数据与国际上其他国家进行了比较，在一定程度上也说明了重庆农村职业教育作为我国农村职业教育的一个组成部分与国外农村职业教育存在的差异。

11.2 研究展望

第一，基于机制设计理论研究内容上可以进一步丰富。从农村职业教育财政投入保障机制的构成来看，可以进一步深入分析农村职业教育财政投入的绩效评价，并设计出相应的指标体系。而在指标体系设计过程中，还可从经济学、教育学、社会学等学科领域综合考虑，将一个在一定程度上相互冲撞的体系，融合为相互支撑、相互作用、和谐共生的指标体系。在研究的未来方向上把农村职业教育对新型城镇化的促进作用、效果以及新型城镇化对教育公平的推动作为研究的重点，使本研究成为未来相关学者的研究理论基础，增强本研究的学术生命力。

第二，计量模型可以进一步修正与推导。在最优预算规模模型的推导过程中，假设了扭曲性税收不存在的前提下理论模型达到最优为边际产出等于 1。而现实中扭曲性税收或多或少都存在，基于模型修正的视角可以进一步放开假设条件，从数理逻辑的思路推演最优模型。在最优预算结构模型的推导过程中，假定人力资本的要素是丰富的，即农村职业教育师资是充裕的。拓展模型可以进一步假定农村职业教育的资本存量是固定不变的，在此基础上推演农村职业教育最优结构模型，促使最优结构模型更加科学、客观、全面、准确。此外，从研究内容增加的角度来看，相应的研究方法也要与之对应，就会应用到相应的计量模型，比如绩效评价问题研究，可以采用 AHP 层次分析法、数据包络分析法等，在一定程度上丰富了农村职业教育财政保障机制计量模型体系。

第三，借助数据挖掘技术进一步完善数据和动态追踪。数据是描述性统计分析和实证分析的基础。本研究由于受到地域及时间限制导致数据量相对较少，在未来农村职业教育财政投入的相关研究中可以设计基础数据的观测点，借助"互联网＋"、云技术等现代化信息平台收集和整理相关数据，弥补样本量相对较少的缺憾。此外，还要进一步丰富农村职业教育学生的就业率、毕业率、升学率等数据，全方位多角度构建农村职业教育财政投入保障机制，特别是基于国际比较数据，从制度层面尤其是农村职业教育立法方面夯实农村职业财政投入保障机制，进一步促进农村职业教育的相关政策落到实处，保证农村职业教育健康发展。

参考文献

布俊峰，2020. 农村剩余劳动力转移视角下职业教育发展的路径 [J]. 农业经济（3）：78-80.

曹丹丘，丁志超，高鸣，2020. 乡村人才振兴的现实困境与路径探索——以青岛市为例 [J]. 农业现代化研究，41（2）：181-189.

车明朝，2013. 强化农村职业教育公益性质加快培养新型职业农民 [J]. 中国职业技术教育（25）：5-9.

陈锦梅，吕剑红，梁艳萍，2008. 国外农村职业教育的比较与启示 [J]. 湖北广播电视大学学报（6）：23-24.

陈娟，马国胜，2019. 乡村振兴背景下农业环境保护技术专业人才培养方案改革探讨 [J]. 安徽农业科学，47（4）：269-271.

陈坤，李佳，2017. 新型城镇化进程中农村职业教育发展论析 [J]. 继续教育研究（1）：38-40.

陈鹏，王晓利，2019. "扶智"与"扶志"：农村职业教育的独特定位与功能定向 [J]. 苏州大学学报（教育科学版），7（4）：8-15.

陈胜，2012. 基于资源配置的农村职业教育公平探析 [J]. 河南科技学院学报（4）：11-14.

陈婉琳，2016. 中国高等职业教育财政投入效率评价研究 [J]. 中国职业技术教育（3）：30-37.

陈万华，严权，2008. 新农村职业教育展望 [J]. 成人教育（6）：15-16.

程江，2005. 服务台修理有延迟的 M/G/1/∞可修排队系统 [D]. 成都：电子科技大学.

崔月慧，2018. 双元创新与新创企业绩效 [D]. 长春：吉林大学.

戴国强，2007. 论职业教育和谐发展的公平与效率问题 [J]. 教育与职业（26）：11-13.

董伟，2013. 我国过渡期央地政府间财政博弈的一般分析 [J]. 特区经济（4）：170-172.

杜宇，2016. 农村职业教育现状与发展对策研究 [J]. 农业经济（9）：120-121.

杜中一，2006. 农村职业教育为新农村建设服务的探讨 [J]. 辽宁教育研究（5）：93-94.

范柏乃，来雄翔，2005. 中国教育投资对经济增长贡献率研究 [J]. 浙江大学学报人文社会科学版，35（4）：52-59.

范红，2015. 基于新型城镇化的农村职业教育发展 [J]. 教育与职业（29）：8-12.

方守红，张浦建，2018. 浅议乡村振兴中的人才引进和培育 [J]. 新农村（12）：3-4.

方旭，开文慧，2024. 教育数字化转型背景下人工智能何以推动乡村教育振兴——来自国外人工智能在乡村教育应用中的启示 [J]. 当代教育与文化，16 (1)：23 - 36.

费娜，魏红，2018. 日本职业农民培育的经验及启示 [J]. 当代职业教育 (4)：37 - 41.

冯俏彬，张明，周雪飞，2008. 财政监督定义的重新界定——基于主体、客体和手段的分析 [J]. 经济研究参考 (67)：27 - 32.

甘肃省财政厅，2017. 夯实基础健全机制有效发挥财政监督职能作用 [J]. 中国财政 (9)：14 - 16.

高维国，2013. 大监督理念下的财政监督方式方法研究 [J]. 财政监督 (18)：29 - 34.

郭国侠，向才毅，庞青，2012. 职业教育财政经费保障机制建设研究 [J]. 中国职业技术教育 (12)：5 - 11.

郭庆旺，吕冰洋，张德勇，2003. 财政支出结构与经济增长 [J]. 经济理论与经济管理，V (11)：5 - 12.

郭扬，胡秀锦，2009. 职业教育经费保障机制的构建与思考 [J]. 教育发展研究 (1)：69 - 73.

郭智奇，2011. 大力发展农民职业教育培养高素质职业农民 [J]. 中国农业教育 (1)：6 - 9.

郭忠美，2019. 浅议我国职业教育法律规范中法律责任存在的问题 [J]. 辽宁广播电视大学学报 (3)：49 - 51.

郭忠孝，2008. 财政支农支出经济效率研究 [J]. 沈阳：沈阳农业大学.

哈罗德·D. 拉斯韦尔，亚伯拉罕·卡普兰，2012. 权力与社会：一项政治研究的框架 [M]. 王菲，译. 上海：上海世纪出版集团.

韩永强，2014. 职业教育经费投入及其国际比较 [J]. 职业技术教育 (28)：48 - 54.

何林，2010. 构建财政"大监督"工作机制的若干思考 [J]. 财政监督 (19)：20 - 22.

何选森，2010. 随机过程与排队论 [M]. 长沙：湖南大学出版社.

何艳冰，2017. 精准扶贫要求下农村职业教育发展新路径 [J]. 继续教育研究 (3)：33 - 35.

胡华，2020. 乡村振兴战略下农村职业教育的发展困境与治理路径 [J]. 安徽农业科学，48 (8)：262 - 264.

胡蓉，2006. 农村职业教育发展与教育公平 [J]. 长沙航空职业技术学院学报 (1)：1 - 3.

胡咏梅，陈纯槿，2013. 农村职业教育投资回报率的变化：1989—2009 年 [J]. 教育与经济 (1)：9.

黄巨臣，2022. 美国的职业教育发展战略及其启示 [J]. 重庆科技学院学报（社会科学版）(6)：88 - 95.

黄蔚，2005. 职教改革呼唤企业行业的参与 [J]. 教育发展研究，25 (9)：78 - 79.

纪芝信，1986. 农村职业教育存在的问题与对策 [J]. 教育与职业 (2)：35 - 37.

季俊杰，2009. 我国中等职业教育免费的理论解读 [J]. 教育与职业 (33)：8 - 10.

贾旻，韩阳阳，2024. 21 世纪以来英国国家技能战略生成动因、内容框架及启示 [J].

职教论坛，40（1）：119-128.

蒋作斌，2005.《21世纪初我国中部地区农村职业教育发展理论和模式的研究与实验》情况报告［J］.中国职业技术教育（28）：8-10.

金东海，蔺海沣，安亚萍，2013."后4%时代"教育经费管理制度建设：挑战与超越——基于甘肃省定西市、临夏州和陇南市的调查［J］.开放教育研究，19（5）：63-70.

金荣学，王敏，毛琼枝，2017.基于因子分析与数据包络组合法的高等职业教育财政支出绩效评价［J］.职教论坛（27）：23-30.

金绍荣，张应良，2018.农科教育变革与乡村人才振兴协同推进的逻辑与路径［J］.国家教育行政学院学报（9）：77-82.

孔聪，2020.乡村振兴战略背景下农村职业教育的发展困境及创新路径［J］.河北职业教育，4（5）：41-45.

匡绪辉，2002.公共财政下教育财政投入模式选择［J］.江汉论坛（12）：13-15.

雷世平，2005.我国农村职业教育体制政策及其思考［J］.职业技术教育，26（4）：55-57.

雷世平，2006.新农村建设视野下的农村职业教育创新［J］.职业技术教育，27（7）：56-58.

雷世平，姜群英，2015.试论公共财政视域下的农村职业教育供给［J］.职教论坛（1）：56-59.

李晨，2017.天津市中等职业教育财政支出研究［D］.天津：天津财经大学.

李华玲，2013.对我国农村职业教育财政政策的回顾与建议［J］.职教论坛（31）：35-39.

李佳，2013.广西农村义务教育经费保障机制研究［D］.北京：中央民族大学.

李梦卿，张欢，2014.我国农村职业教育发展：从农业化走向城镇化［J］.教育发展研究，34（Z1）：50-58.

李楠，2013.改革开放以来我国农村职业教育政策研究［D］.长春：东北师范大学.

李珊，谢德，路晓峰，2011.完善政府投入为主的教育经费保障机制研究——基于甘肃省教育经费保障的实证分析［J］.经济研究参考（72）：30-52.

李守福，1994.农村职业教育是农业现代化的必由之路［J］.教育与经济（3）：37-39.

李淑君，胡彰，2020.美国社区学院多元化融资模式及影响研究［J］.湖北开放职业学院学报，33（16）：16-19.

李伟庆，2011.公安应急管理的财政保障机制研究［D］.北京：中国财政科学研究院.

李新艳，2018.《职业教育法》的法律责任问题研究［J］.连云港职业技术学院学报，31（2）：57-60.

李延平，陈琪，2017.西部农村"互联网＋"职业教育精准扶贫的制度创新［J］.电化教育研究，38（12）：32-36，43.

李毅，龚丁，2016.日本和韩国农民职业教育对中国新型职业农民培育的启示［J］.世界农业（10）：59-64.

李袁婕，2011. 论我国公共财政监督制度的完善［J］. 审计研究（2）：59-62.

李震，2016. 中国职业教育财政投入制度研究［D］. 济南：山东大学.

厉以宁，1988. 教育经济学研究［M］. 上海：上海人民出版社.

厉以宁，1999. 关于教育产品的性质和对教育的经营［J］. 教育发展研究（10）：9-14.

廖楚辉，2003. 政府教育支出效益、结构及模型［J］. 财政研究（4）：21-23.

刘宝磊，2020. 我国农村职业教育发展中的问题与解决路径研究［J］. 农业开发与装备（2）：11，14.

刘春生，等，2002. 职业教育学［M］. 北京：教育科学出版社.

刘春生，牛征，纪元，2002. 高等职业教育经费来源渠道及投资策略研究［J］. 教育研究（6）：84-88.

刘惠林，2007. 中国农村教育财政问题研究［D］. 哈尔滨：东北林业大学.

刘科，2019. 韩国农民职业教育对我国新型职业农民培育的启示［J］. 现代化农业（1）：46-47.

刘孝诚，2018. 现代国家治理视角下财政监督之我见［J］. 财政监督（10）：8-10.

刘效园，2019. 乡村振兴战略下高校农产品市场营销人才培育机制研究［J］. 佳木斯职业学院学报（5）：81，83.

刘馨，2018. 关于乡村人才振兴的研究［J］. 农场经济管理（10）：18-22.

柳一桥，2018. 德国农业职业教育对我国新型职业农民培育的启示［J］. 农业经济（4）：64-66.

卢峰，2018. 城镇化进程中农村职业教育的新定位及其实施策略［J］. 中国职业技术教育（21）：52-58.

卢冶琳，2004. 完善经济监督体系创新财政监督机制［J］. 山东人大工作（4）：48-49.

吕海燕，2011. 农村职业教育与新农村建设关系浅析［J］. 辽宁行政学院学报，13（10）：112-114.

罗红云，庄馨予，张斌，2020. 我国职业教育财政投入效率评价——基于 DEA—Malmquist 指数三分法［J］. 地方财政研究（7）：49-56.

罗晓华，2006. 农村税费改革后义务教育财政转移支付的博弈分析［J］. 当代财经（6）：54-56.

罗云峰，肖人彬，岳超源，2003. 社会选择理论研究进展［J］. 自然科学进展，13（12）：1306-1311.

骆红，2008. 建立与绩效预算相结合的财政监督机制［J］. 中国财政（19）：79.

马建富，1997. 农村职业教育的困惑与出路［J］. 职教通讯（6）：9-11，35.

马建富，2003. 职业教育促进农村人力资源开发保障体系的研究［J］. 教育理论与实践（16）：31-35.

马建富，2013. 新型城镇化进程中的农村职业教育发展［J］. 教育发展研究，33（11）：

32-36.

马建富,2015. 新型职业农民培育的职业教育责任及行动策略 [J]. 教育发展研究,35 (Z1):73-79.

马建富,郭耿玉,2018. 乡村振兴战略背景下农村职业教育培训的功能定位及支持策略 [J]. 职教论坛 (10):18-24.

马建富,黄晓赟,2017. 新型职业农民职业教育培训社会支持体系的建构 [J]. 职教论坛 (16):19-25.

马建富,马欣悦,2017. 基于新型职业农民培育的农村职业教育供给侧改革 [J]. 河北师范大学学报 (教育科学版),19 (6):54-59.

马宽斌,秦福利,2021. 城镇化背景下边远地区农村职业教育发展探析 [J]. 教育与职业 (3):77-81.

马树超,邱国华,2003. 2000—2002 年我国中等职业教育发展形势分析 [J]. 教育发展研究,23 (11):6-10.

闵宏,2010. 我国农村职业教育的财政投入问题研究 [D]. 大连:东北财经大学.

莫广刚,2019. 以乡村人才振兴促进乡村全面振兴 [J]. 农学学报,9 (12):87-91.

牛征,2006. 高等职业教育经费投入的现状与对策 [C]. 中国教育经济学年会会议.

潘懋元,1997. 教育基本规律及其在高等教育研究与实践中的运用 [J]. 上海高教研究 (2):3-9.

彭干梓,1993. 论以科学技术为基础的现代农业 [J]. 湖南农学院学报,19 (1):10.

皮江红,2013. 培养新型职业农民:农村职业教育的新定位 [J]. 高等农业教育 (8):105-109.

蒲实,孙文营,2018. 实施乡村振兴战略背景下乡村人才建设政策研究 [J]. 中国行政管理 (11):90-93.

戚悦,张晓艳,2010. 公共财政框架下政府财政监督机制设计问题研究 [J]. 云南财经大学学报 (社会科学版),25 (1):66-70.

祁占勇,王羽菲,2020. 乡村振兴战略背景下农村职业教育现代化的指标体系与行动逻辑 [J]. 西南大学学报 (社会科学版),46 (4):67-77,194.

祁占勇,杨文杰,2018. 改革开放 40 年来农村职业教育政策的演进逻辑与展望 [J]. 中国职业技术教育 (27):43-50.

钱俊,2018. 乡村振兴战略视野下农村电商的发展与人才培养研究 [J]. 农业经济 (11):108-110.

乔平平,2016. 基于新型职业农民培育的农村职业教育行动策略 [J]. 教育理论与实践,36 (33):23-25.

曲正伟,2006. 我国中等职业教育的困境及其制度解答 [J]. 教育发展研究 (1):18-22.

饶斌,谢勇旗,2023. 美国农村职业教育改革发展的经验与借鉴 [J]. 继续教育研究

（9）：91－96.

任聪敏，石伟平，2013. 城镇化进程中农村职业教育的新型定位与发展策略［J］. 教育发
　　展研究，33（23）：53－57.

沈淑霞，秦富，2004. 财政农业投入性支持的规模效率分析［J］. 农业技术经济（4）：
　　45－51.

盛宁，2019. 荷兰农民职业教育对我国新型职业农民培育的启示［J］. 现代化农业（8）：
　　45－46.

史万兵，邓永刚，苏黎，2003. 论我国农业现代化进程中农村职业教育发展对策［J］. 辽
　　宁农业科学（6）：21－22.

宋晓梧，1997. 中国发展人力资源开发与就业［M］. 北京：中国劳动出版社.

苏明，2008. 我国公共财政监督问题研究［J］. 财政监督（15）：24－28.

孙长远，庞学光，2015. 回顾与展望：国内外职业教育的产品属性研究述评［J］. 中国职
　　业技术教育（24）：14－18.

孙莉，2018. 乡村振兴战略下农村职业教育的改革与创新发展［J］. 教育与职业（13）：
　　5－11.

孙武令，孙童，2009. 新农村建设背景下职业教育的使命［J］. 中国成人教育（19）：
　　157－158.

孙瑶，2021. 美德日农民职业教育对我国新型职业农民培育的启示［J］. 黑龙江粮食
　　（2）：68－70.

覃兵，何维英，胡蓉，2019. 基于乡村振兴战略的农村职业教育问题审视与路径构建
　　［J］. 成人教育，39（8）：60－64.

唐瑾，2014. 职业教育对农村劳动力转移的影响及对策研究——基于“后危机时期”背景
　　的思考［J］. 湖南社会科学（1）：214－217.

唐羚，郑爱翔，2017. 职业教育对农村劳动力转移贡献的实证分析——基于华东地区面板
　　数据的分析［J］. 职业技术教育，38（1）：49－52.

唐梅芝，2016. 新型城镇化背景下农村职业教育发展的挑战与未来［J］. 成人教育，36
　　（2）：84－86.

唐智彬，2015. 论农业现代化、新型职业农民培养与农村职业教育改革创新［J］. 职教通
　　讯（13）：30－35.

唐智彬，刘青，2016. “精准扶贫”与发展定向农村职业教育——基于湖南武陵山片区的
　　思考［J］. 教育发展研究，36（7）：79－84.

铁明太，2013. 农村职业教育促进农村富余劳动力转移问题研究［J］. 职教论坛（34）：
　　48－50.

万军，2019. 职业教育服务农村劳动力转移的制度创新研究［J］. 广西社会科学（2）：
　　179－183.

汪博兴，2003. 建立多渠道经费筹措机制，促进高职教育发展 [J]. 襄阳职业技术学院学报，2（3）：31-33.

王凤羽，2011. 农村职业教育财政公平与效率的思考 [J]. 农业经济（10）：68-70.

王凤羽，2012. 辽宁省农村职业教育财政投入与经济增长关系的实证分析 [J]. 农业经济（8）：100-101.

王凤羽，2015. 农村职业教育财政责任测度：基于中央与地方政府的博弈模型 [J]. 农村经济（10）：95-100.

王凤羽，2016. 农村职业教育经费投入国际比较 [J]. 会计之友（3）：2-7.

王凤羽，刘仲钦，刘家成，2010. 农村职业教育财政投入问题述评 [J]. 农业经济（9）：73-75.

王凤羽，冉陆荣，2019. 财政性教育支出最优规模分析与估计——以重庆市农村职业教育为例 [J]. 贵州社会科学（1）：78-83.

王凤羽，冉陆荣，蔡慧颖，2017. 农村职业教育财政投入最优结构：理论分析与实证测度 [J]. 农业经济问题，38（12）：55-61，111.

王凤羽，杨小容，2012. 财政政策如何作用于微观领域：农村职业教育视点 [J]. 改革（10）：57-62.

王欢，2012. 中国农村职业教育结构存在的问题及优化策略 [J]. 河北学刊，32（2）：232-235.

王静静，2014. 我国中等职业教育财政制度研究 [D]. 长春：东北师范大学.

王陪航，闫志利，2018. 域外国家职业教育市场化经验及启示 [J]. 河南科技学院学报，38（8）：30-34.

王平风，张良清，2009. 法律：德英法等国筹措职业教育经费的重要手段 [J]. 成人教育，29（11）：93-94.

王文华，1999. 中央与地方政府财政关系的博弈行为分析 [J]. 社会科学研究（2）：86-91.

王显润，费贵麟，1982. 教育工龄与劳动生产率 [M]. 重庆：技工教育编辑部.

王晓冬，2012. 在公共财政框架下如何建立完善的财政监督机制 [J]. 赤峰学院学报（自然科学版），28（13）：59-61.

王彦军，刘强，2020. 日本人口少子化对学校教育经费影响的研究 [J]. 现代日本经济（5）：40-54.

王宇波，2006. 北京市职业教育投资体制研究 [C]. 中国教育经济学年会会议.

王越，2017. 现代财政制度建设中加强财政监督的思考 [J]. 经贸实践（6）：260.

文茂群，2019. 做好乡村振兴人才需求侧锻造 [J]. 人民论坛（33）：60-61.

吴彩虹，全承相，2012. 地方政府教育财政投入监督机制及其完善 [J]. 湖南师范大学教育科学学报，11（3）：86-89.

吴军海，2016. 农村职业教育发展中公共财政的责任缺失与改进策略 [J]. 湖北经济学院学报（人文社会科学版），13（2）：17-18.

吴松江，夏金星，2006. 职业教育和政府责任 [J]. 职教论坛（1）：15-17.

吴兆明，2017. 农村转移劳动力职业教育与培训作用机理实证研究 [J]. 成人教育，37（7）：53-56.

吴兆明，郑爱翔，刘轩，2019. 乡村振兴战略下新型职业农民职业教育与培训 [J]. 教育与职业（20）：27-34.

西奥多·W. 舒尔茨，1990. 论人力资本投资 [M]. 北京：北京经济学院出版社.

夏金星，2014. 发展现代农业职业教育大力培养新型职业农民 [J]. 中国职业技术教育（21）：260-263.

向昭颖，张冰松，2018. 农村职业教育精准扶贫的意义、问题及机制 [J]. 教育与职业（4）：26-32.

肖海涛，殷小平，2007. 潘懋元教育口述史 [M]. 北京：北京师范大学出版社.

谢玉坤，2002. 农村职业教育发展问题及对策研究 [J]. 哈尔滨学院学报（教育）（6）：17-18.

辛斐斐，刘国永，2011. 职业教育财政支出绩效评价体系研究——因子分析法的视角 [J]. 教育与经济（3）：50-55.

徐鲲，2012. 农村教育发展与农村经济增长：内在机理及制度创新 [D]. 重庆：重庆大学.

许媚，2017. 基于精准扶贫的农村职业教育问题审视与发展路径 [J]. 教育与职业（18）：25-31.

晏维龙，韩峰，汤二子，2016. 新常态下的国家审计变革与发展 [J]. 审计与经济研究，31（2）：3-13.

杨琴，吴兆明，2020. 国外职业农民职业教育对我国新型职业农民培育的借鉴与启示 [J]. 成人教育，40（6）：76-81.

杨仕元，徐婧菲，岳龙华，等，2023. 澳大利亚农民职业教育"四环联动"及对我国乡村人才振兴的启示 [J]. 河北农业大学学报（社会科学版），25（2）：114-123.

杨树琪，张丽华，孙辉，2009. 试论农村义务教育财政审计监督制度的构建 [J]. 经济问题探索（2）：101-107.

杨颖，董登攀，2014. 绩效评价与财政监督的职能融合与实践——以教育专项补助项目为例 [J]. 财政监督（36）：35-36.

姚妮，2009. 教育公平视角的农村职业教育探究 [J]. 煤炭高等教育，27（1）：109-110，125.

姚妮，2009. 农村职业教育公平研究 [D]. 长沙：湖南师范大学.

易莉，2014. 新农村建设背景下农民职业教育现状分析及其对策研究 [J]. 农业经济（2）：90-92.

尹小宇，2002. 美国社区学院经费来源研究［D］. 重庆：西南师范大学.

应丽艳，2009. 财政扶持农业产业化龙头企业的农民增收效应研究［D］. 沈阳：沈阳农业大学.

禹文颂，2018. 我国中等职业教育财政制度研究［D］. 武汉：中南财经政法大学.

曾繁相，2001. 关于农村职业教育与劳动力资源开发问题的思考［J］. 职业技术教育，22（7）：23-25.

曾荣侠，2005. 试论激励理论在学校管理中的应用［J］. 黄河水利职业技术学院学报，17（1）：4.

占盛丽，董业军，2005. 社会主义新农村职业教育与培训［J］. 教育发展研究（23）：11-16.

张阿贝，2021. 21世纪澳大利亚职业教育市场化进程对我国职业教育市场化的启示［J］. 高教探索（1）：91-97.

张美，王克涛，2017. 澳大利亚职业教育的特点及启示［J］. 赤子（上中旬）（3）：287.

张祺午，2023. 我国新型职业农民培育财政投入保障机制构建的基本理论［J］. 职业技术教育，44（30）：15-20.

张胜军，马建富，2016. 城镇化进程中的农村职业教育三问［J］. 教育发展研究，36（11）：61-65.

张维迎，2004. 博弈论与信息经济学［M］. 上海：三联出版社.

张晓东，2016. 黑龙江省农村职业教育发展影响因素及对策研究［D］. 哈尔滨：东北农业大学.

张晓芳，2011. 关于建立职业教育经费保障机制的思考及捷径［J］. 学周刊：a（3）：7.

张晓蕊，2011. 关于当前农村职业教育存在的问题及其对策［J］. 职教论坛（26）：16-17.

张旭刚，2018. 农村职业教育服务乡村振兴：实践困境与治理路径［J］. 职业技术教育，39（10）：59-64.

张旭刚，2020. 乡村振兴视阈下农村职业教育产教融合质量评价体系构建［J］. 职业技术教育，41（31）：48-53.

张翊，2019. 基于精准扶贫背景下农村职业教育问题审视及改革路径［J］. 农业经济（6）：117-119.

张昭文，2011. 加快发展农村职业教育的研究报告［J］. 中国职业技术教育（9）：6.

赵海婷，陶军明，2012. 新农村视角下新型农民培养的农村职业教育改革研究［J］. 职教论坛（34）：81-83.

赵宏斌，孙百才，2006. 我国教育财政决策机制的路径分析［J］. 教育理论与实践（7）：14-17.

赵亚丹，2018. 云南省中等职业教育财政支出绩效研究［D］. 昆明：云南财经大学.

赵玉亮，史雅楠，2019. 十九大以来乡村人才振兴研究文献综述［J］. 安徽农业科学，47（24）：7-9，12.

赵玉佩，2000. 当前农村职业教育面临的问题及对策 [J]. 河南职技师院学报（职业教育版）（2）：28 - 30.

中共中央编译局，2012. 马克思恩格斯选集：第二卷 [M]. 北京：人民出版社.

中共中央编译局，2012. 马克思恩格斯选集：第一卷 [M]. 北京：人民出版社.

朱爱国，2015. 中央财政投入方式改变背景下的职业教育经费保障 [J]. 中国职业技术教育（12）：5 - 12.

朱成晨，闫广芬，朱德全，2019. 乡村建设与农村教育：职业教育精准扶贫融合模式与乡村振兴战略 [J]. 华东师范大学学报（教育科学版）37（2）：127 - 135.

朱静颖，2007. 我国职业教育财政投资体制研究 [D]. 长沙：湖南农业大学.

朱容皋，2010. 关于新型农民培训与农村职业教育问题 [J]. 职教论坛（5）：26 - 27.

朱旭东，2009. 试论公共安全治理机制创新 [J]. 国家行政学院学报（2）：22 - 25.

卓娜，2013. 县域公共财政监督问题研究 [D]. 呼和浩特：内蒙古大学.

Arrow K J，Kurz M，1970. Optimal Growth with Irreversible Investment in a Ramsey Model [J]. *Econometrica*，38（2）：331 - 344.

Barlow R，1973. Efficiency Aspects of Local School Finance：Reply. [J]. *Journal of Political Economy*，81（Volume 81，Number 1）：199 - 202.

Barro，Robert.，and Sala - I - Martin，X，1995. "Government Spending in A Simple Model of Endogenous Growth." [J]. *Journal of Political Economy*，98：103 - 125.

Benson C S，1985. The public school monopoly：a critical analysis of education and the state in American society：Edited by R B. E. Cambridge，MA：Ballinger，1982. pp. 583. No price given [J]. *Economics of Education Review*，4（2）：145 - 146.

Denison E F，1961. The sources of economic growth in the United States and the alternatives before us /[M]// The sources of economic growth in the United States and the alternatives before us. Committee for Economic Development：545 - 552.

Devarajan S，Swaroop V，Zou H F，1996. The composition of public expenditure and economic growth [J]. *Journal of Monetary Economics*，37（2）：313 - 344.

Douglass H R，1971. Private Wealth and Public Education by John E. Coons；William H. Clune；Steven B. Sugarman [J]. *Journal of Educational Research*（3）：131.

Friedman. M，1962. Capitalism and freedom. University of Chicago Press，Chicago Illinois：66 - 78.

Lucas，R. E，1988. On the mechanics of economic development [J]. *Journal of Monetary Economics*，22（1）：3 - 42.

Psacharopoulos G，Hinchliffe K，1973. Returns to Education：An International Comparison. Studies on Education；Vol. 2. [J]. *Comparative Education Review*，11（Volume 17，Number 3）：131.

Romer P M，1986. Increasing Returns and Long - Run Growth [J]. *Journal of Political Economy*，94（Volume 94，Number 5）：1002 - 1037.

Samuelson P A，1954. The pure theory of public expenditures [J]. *The Review of Economics and Statistics* （4）：387 - 389.

Samuelson PA，1954. 纯公共支出理论 [J]. 经济和统计概述 （4）：387 - 389.

Sherman J D，1980. Equity in School Finance：A Comparative Case Study of Sweden and Norway [J]. *Comparative Education Review*，24（Volume 24，Number 3）：389 - 399.

Weisbrod B A，1964. Collective - Consumption Services of Individual - Consumption Goods [J]. *Quarterly Journal of Economics*，78（3）：471 - 477.